RANIERO CANTALAMESSA

Virgindade

EDITORA
SANTUÁRIO

Direção Editorial:	Pe. Fábio Evaristo R. Silva, C.Ss.R.
Coordenação Editorial:	Ana Lúcia de Castro Leite
Revisão:	Viviane Sorbile
	Denis Faria
Diagramação:	Mauricio Pereira

Título original: *Verginità*
Editora Âncora Milano, 1993
ISBN 88-7610-267-1

Tradução de Fl. Castro
da 3ª edição, 1993

Dados Internacionais de Catalogação na Publicação (CIP)
(Câmara Brasileira do Livro, SP, Brasil)

Cantalamessa, Raniero
    Virgindade / Raniero Cantalamessa; tradução Flávio Cavalca de Castro. – Aparecida, SP: Editora Santuário, 1995.

    Título original: Verginità.
    ISBN 85-7200-301-0

    1. Celibato 2. Virgindade 3. Virgindade – Aspectos religiosos I.

Título.

95-3764   CDD-241.66

Índices para catálogo sistemático:

1. Virgindade: Aspectos morais e religiosos:
Cristianismo 241.66

13ª impressão

Todos os direitos em língua portuguesa
reservados à **EDITORA SANTUÁRIO** – 2022

Rua Pe. Claro Monteiro, 342 – 12570-000 – Aparecida-SP
Tel.: 12 3104-2000 – Televendas: 0800 - 0 16 00 04
www.editorasantuario.com.br
vendas@editorasantuario.com.br

*A todos os rapazes e moças
que se sentem chamados
a seguir o Cordeiro "por onde ele for".*

INTRODUÇÃO

O tema deste livro é a virgindade e o celibato pelo Reino dos céus. Mas a virgindade ou o celibato, além de *conselho* para alguns, é também de outra forma um *preceito* para todos. De fato, além de ser um estado livremente escolhido por toda a vida, é também um dever ou, melhor, um ideal e uma proposta evangélica para todos, durante aquela fase da vida que precede a escolha definitiva da própria vocação.

Neste sentido a mensagem não se destina apenas aos religiosos e aos que se preparam para o sacerdócio, mas a todos os batizados. As motivações que iremos descobrir para a virgindade pelo Reino podem servir de apoio e de motivação também para o esforço de uma jovem ou de um rapaz cristãos na preservação de sua pureza e de sua integridade física e espiritual até o dia do casamento. Se a virgindade é que permite ao consagrado poder dizer a Cristo: "Todos os meus frutos melhores, meu Amado, para ti os reservei" (cf. Ct 7,14), a guarda da integridade em vista do matrimônio é que permite, no dia das núpcias, oferecer à pessoa amada o dom inestimável, e por todos secretamente desejado, de ouvir essas mesmas palavras no seu sentido mais literal: "Todos os meus frutos melhores, para ti os reservei".

Isso sem levar em conta que não podemos falar da virgindade e do celibato sem um contínuo confronto com o matrimônio. Portanto, falar sobre ambos significa também falar sobre este. Aliás, de certo modo é mediante esse confronto que mais bem se descobre a natureza e a bondade do carisma próprio.

Hoje vemos como a cultura dominante de fato se lança ao ataque contra esse valor da virgindade. Segundo a tendência, que todos conhecemos, de desprezar o que se perdeu ou não se consegue atingir (era o que fazia a raposa da fábula dizer das uvas: "estão verdes") a cultura secular lança a suspeita e até o ridículo sobre esse valor tradicional que a própria natureza defende, cercando-o com a suave mas tenaz guarda do pudor. Rapazes e moças são levados pelo ambiente – às vezes até pelo ambiente escolar que deveria ajudá-los no amadurecimento – a se envergonhar de sua pureza, a tentar ocultá-la a todo o custo, ou até a inventar aventuras ousadas que jamais aconteceram, simplesmente para não parecerem diferentes dos outros. Como disse alguém, a hipocrisia, que antigamente era o tributo pago pelo vício à virtude, hoje é o tributo que a virtude paga ao vício.

O efeito desse ataque insensato fez-se sentir indiretamente até mesmo na Igreja. Nem podia ser de outro modo, uma vez que vivemos e respiramos o ar deste mundo que nos assedia e que nos desevangeliza com todos os meios, dentro ou fora de casa. O celibato e a virgindade, ouve-se às vezes, não permitem um perfeito e sadio desenvolvimento da pessoa; não permitem que o homem seja plenamente homem, ou que a mulher seja plenamente mulher. Percebo uma consequência disso no modo como se apresenta a propaganda vocacional. Em encontros vocacionais, tive às vezes a impressão que o chamado para uma consagração especial fosse apresentado com um tácito mas claro pressuposto: "Abracem a nossa vida, *mesmo que* traga consigo o celibato e a virgindade; assim poderão contribuir para a vinda do Reino, ajudar os pobres, conscientizar as massas, viver livres da escravidão das coisas, promover a justiça social". Creio que devemos simplesmente rever nossa pouca fé e ter a coragem de convidar os jovens para que abracem a nossa vida consagrada, não *apesar* da virgindade e do celibato, mas *por causa* deles, ou pelo menos *também* por causa deles. Quem sabe, como no passado e nas origens da Igreja, será exatamente esse ideal que, em vez de afastá-los, irá apaixonar os jovens, atraindo-os à vida religiosa e sacerdotal.

A virgindade pelo Reino é, de fato, um valor esplêndido que as modas e o tempo não podem alterar. Podem juntar-se todas as forças e toda a sabedoria deste mundo, mais todas as assim chamadas ciências humanas, num protesto contra essa forma de vida, podem até defini-la como "uma infâmia do passado", podem lançar sobre ela todas as suspeitas; acrescentem-se ainda todos os pecados e todas as infidelidades daqueles mesmos que a quiseram abraçar; mesmo assim continuará existindo essa forma de vida, porque foi instituída por Jesus. Ninguém poderá arrancar da terra esta planta que o Filho de Deus, vindo a este mundo, plantou com suas próprias mãos. Aliás, o próprio mundo, sem se dar conta, paga tributo de honra a esse valor quando usa a palavra "virgem" como um dos símbolos mais fortes em sua linguagem publicitária. A melhor lã é a "lã virgem"; o óleo mais puro é o "extravirgem"; virgem é o que há de mais belo e de mais incontaminado entre os produtos do homem e da terra. Temos de novamente nos apropriar das palavras e dos símbolos que a cultura secularizada tomou emprestado da Bíblia e da tradição cristã e esvaziou de qualquer significado religioso. A palavra virgindade é uma dessas.

Primeira parte

**AS MOTIVAÇÕES BÍBLICAS
DA VIRGINDADE E DO CELIBATO
PELO REINO DOS CÉUS**

1. "Há aqueles que, por causa do Reino dos céus, não se casam"

Nesta meditação falarei indiferentemente de celibato, de virgindade e de continência voluntária, porque são palavras que de fato designam a mesma realidade, ou pelo menos um mesmo estado de vida. Pessoalmente, prefiro usar as palavras virgindade e virgens, como as mais abrangentes. De fato, o Novo Testamento não reserva esse título apenas às mulheres não casadas, mas aplica-o também aos homens não casados. O Apocalipse chama de "virgens" aqueles que não se uniram a mulher e que, portanto, seguem o Cordeiro por onde for (cf. Ap 14,4).

A instituição desse estado de vida encontra-se no Evangelho de Mateus, no capítulo 19: *"'Se essa é a situação do homem com referência à mulher, não vale a pena se casar'. Ele respondeu-lhes: 'Nem todos são capazes de entender esta doutrina: só entendem aqueles a quem Deus dá entendimento. Porque há pessoas que não se casam porque são eunucos de nascença, ou por outros foram feitos eunucos; e há também aquelas que se abstêm do casamento por amor do Reino dos Céus. Quem puder entender, que entenda!'"* (Mt 19,10-12).

A palavra "eunuco" soa um pouco dura aos nossos ouvidos modernos, mas era dura também para os contemporâneos de Jesus. Segundo alguns, a escolha desse termo insólito deveu-se ao fato de os adversários de Jesus o terem acusado de ser um eunuco, não se tendo casado, da mesma forma que outras vezes o acusaram de beberrão e comilão (cf. Mt 11,19). Era uma palavra muito ofensiva porque, para a mentalidade hebraica do tempo, o casamento era uma obrigação moral, sendo conhecida a sentença de certo rabi Eleazar: "um homem que não tem sua mulher nem mesmo é homem" (*Talmude Babilônico, Jabamot 63 a*). Jesus estaria, pois, assumindo a acusação de seus adversários dando-lhe, porém, um conteúdo novo com a revelação dessa forma nova e especial de ser eunuco.

Há, diz Jesus, alguns que "não se casam" (esse é o equivalente não polêmico do termo "eunucos") porque por nascença não o podem fazer, devido a algum defeito natural; outros há que não se casam porque são impedidos pela maldade dos homens ou pelas circunstâncias da vida; outros finalmente não se casam por amor do reino dos céus. Neste último caso a palavra "eunuco" assume um significado diverso, não físico mas moral. Foi assim que sempre o compreendeu a tradição cristã, exceto no caso bem conhecido de Orígenes que, contra seu costume, tomou essa palavra do Evangelho ao pé da letra e se castrou, pagando depois muito caro pelo seu erro.

A menção do Reino dos céus introduz de repente no discurso de Jesus uma dimensão de mistério que aumenta ainda mais com a lacônica frase final: "Quem puder entender, que entenda". Ou seja: compreenderão aqueles a quem for dado compreender.

Assim nasce um segundo estado de vida e esta é sua "magna charta". Pois não existia antes de Jesus uma condição de vida que se pudesse comparar a esta por ele instituída, se não quanto ao fato, pelo menos quanto à motivação. Os essênios de Qumran também conheciam e praticavam uma forma de celibato, mas este tinha porém uma conotação ascética, de renúncia e de pureza, mais que uma conotação escatológica. Não era um celibato motivado pela vinda do Reino mas, quando muito, por sua expectativa. Aliás, não podia ser diversamente. Só a presença do Reino sobre a terra podia instituir essa segunda possibilidade de vida que é o celibato "por amor do Reino".

Esta possibilidade não anula a do matrimônio, mas relativiza-a. Acontece o mesmo que com a ideia de estado no campo político: não é abolido, mas fica radicalmente relativizada pela revelação da presença contemporânea de um Reino de Deus na história. A continência perfeita está diante do matrimônio mais ou menos como o Reino de Deus está diante do reino de César: não o elimina, mas coloca-o numa situação diferente da anterior.

Deixa de ser a instância única no seu campo. Do mesmo modo como o Reino de Deus é de uma ordem diversa do reino de César, um não precisa negar o outro para poder subsistir. Do mesmo modo a continência voluntária não precisa que o matrimônio seja negado para que sua validade seja reconhecida. Aliás, essa validade somente ganha sentido a partir de uma contemporânea afirmação do matrimônio.

A dimensão profética da virgindade e do celibato

Para compreender essa nova forma de vida e sua íntima razão de ser (e pelo menos uma vez na vida devemos esforçar-nos por compreendê-la, principalmente se é a *nossa* forma de vida), temos de partir daqui, da motivação apresentada por Jesus: "por amor do Reino dos céus". A natureza e a justificação da virgindade e do celibato dependem da própria natureza do Reino dos céus ("Reino dos céus" é a expressão que Mateus, como bom judeu, usa em vez de "Reino de Deus", para evitar a menção direta de Deus; é, porém, a mesma coisa). Ora, o Reino de Deus tem uma característica que hoje costuma ser expressa numa fórmula bastante apropriada: "já" e "ainda não". O Reino "já" está aqui, veio, está presente. O Reino dos céus, anuncia Jesus, está próximo, está em nosso meio. Em outro sentido, porém, o Reino dos céus ainda não veio, ainda deve vir, e por isso é que oramos: "Venha a nós o vosso Reino".

Uma vez que o Reino dos céus já veio, uma vez que com Cristo a salvação final está agindo no mundo, então – é a consequência que nos interessa – então é possível que algumas pessoas, chamadas por Deus, escolham viver desde agora como se viverá na situação final do Reino. E como se vive na situação final do Reino? É o próprio Jesus quem o diz no Evangelho de Lucas: *Os filhos deste mundo têm mulher ou marido; mas os que são considerados dignos de ter parte no outro mundo e na ressurreição dos mortos não têm mulher nem marido; pois não podem mais morrer, porque são iguais aos anjos e são filhos de Deus, tendo já ressuscitado*" (Lc 20,34-36; veja também Mt 22,30).

Nisso está propriamente a dimensão profética da virgindade e do celibato pelo Reino. Esta forma de vida mostra, pela sua simples existência e sem precisar de palavras, qual será a condição final do homem, a que deve durar eternamente. É uma existência profética. No passado discutiu-se muito se a virgindade é um estado de vida mais perfeito que o matrimônio, e em que sentido. Creio que *ontologicamente*, isto é: por si mesma, não é um estado *mais perfeito* (cada um dos dois estados é mais perfeito para quem foi para ele chamado); é, porém, um estado *escatologicamente mais adiantado*, enquanto é mais semelhante ao estado definitivo para o qual todos caminhamos. "Já começastes a ser o que seremos", escrevia São Cipriano às primeiras virgens cristãs (*De habitu virginum*, 22; PL 4,475).

Essa profecia, longe de se voltar contra os casados, é feita antes principalmente para eles e em seu favor. Recorda-lhes que o matrimônio é santo, belo, criado por Deus e remido por Cristo, é imagem das núpcias entre Cristo e a Igreja, mas... não é tudo. É uma estrutura que se prende a este mundo, sendo portanto transitória. Não existirá quando já não existir a morte. Quando, como dizia Jesus, já não se puder morrer, já não será preciso casar (cf. Lc 20,36).

Aos casados a virgindade lembra o primado do espírito e de Deus. Recorda que Deus nos fez para ele e que, portanto, nosso coração estará sempre "insatisfeito" enquanto nele não encontrar repouso. Recorda também que não podemos fazer do matrimônio e da família um ídolo ao qual sacrificar tudo e todos, uma espécie de absoluto na vida. Todos sabem como é fácil entrincheirar-se por detrás dos deveres de família ("tenho mulher e filhos") para fugir das exigências radicais do Evangelho. E também como é fácil fazer de um bom matrimônio o ideal e o escopo supremo, tomando-o como medida para o sucesso da vida. E como o matrimônio é o primeiro a sofrer com essa indevida absolutização, sendo como que esmagado por expectativas desproporcionadas que jamais poderá satisfazer, por isso digo que a virgindade vem em socorro até mesmo dos casados. Ela liberta o matrimônio, e cada um dos cônjuges, da carga insuportável de ter de ser o Todo, ocupando o lugar de Deus. A relativização escatológica que a virgindade impõe ao matrimônio não lhe diminui a alegria, mas a preserva do desespero, abrindo-lhe também um horizonte para além da morte. Exatamente porque existe a eternidade e uma Jerusalém celeste é que os cônjuges que se amam sabem que sua comunhão não está destinada a acabar com este mundo que passa, dissolvendo-se no nada, mas poderá durar eternamente transfigurada e espiritualizada.

Partindo dessa característica profética da virgindade e do celibato, podemos compreender quanto seja ambígua e falsa a tese segundo a qual seria esse estado de vida contrário à natureza, impedindo ao homem e à mulher de serem plenamente eles mesmos, isto é, homem e mulher. Acabamos nos deixando impressionar pelo muito que se falou contra esse estado em nome da psicologia e da psicanálise. Sobre os jovens pesa terrivelmente essa dúvida, sendo um dos motivos que os podem impedir de dar resposta à vocação. Nem sempre se levou em conta que, baseando-se a ciência moderna essencialmente sobre uma visão materialística e ateia do homem, suas afirmações neste campo podem ter certo peso para quem não acredita na existência de Deus nem numa vida depois da morte, não tendo porém nenhum valor para quem acredita nessas coisas. Essa diferença foi considerada sem importância, quando de fato é decisiva. Com efeito, a virgindade tira seu sentido exatamente da existência de uma vida eterna e de uma vida de ressuscitados. É algo que vem do Espírito, aplicando-se-lhe o que São Paulo diz das coisas do Espírito: "o homem animal não acolhe o que é do Espírito de Deus: é loucura para ele e ele não o pode conhecer, pois é pelo Espírito que se aprecia isso", isto é, à luz da fé (cf. 1Cor 2,14). Esperar o contrário de uma pessoa de fé é uma loucura quase tão grande quanto a primeira.

A um amigo que, também ele, achava que escolher a castidade fosse colocar-se à margem da verdadeira vida, Paul Claudel respondeu com estas luminosas palavras: "Ainda vivemos no antigo preconceito romântico que a felicidade suprema, o grande interesse, o único romance da existência consistem em nossos relacionamentos com a mulher e nas satisfações dos sentidos assim conseguidas. Esquece-se apenas uma coisa: que a alma e o espírito são realidades igualmente fortes, tão exigentes quanto a carne – e até mais! – e que, se concedemos a essa tudo quanto exige, nós o fazemos em detrimento de outras alegrias, de outras regiões luminosas que nos ficarão para sempre fechadas. Esvaziamos um copo de mau vinho em qualquer taberna ou salão, esquecendo-nos desse mar virginal que outros contemplam ao nascer do sol" (J. Rivière – P. Claudel, *Correspondance*, Paris 1926, p. 261 s).

A própria psicanálise, tão logo supera esse preconceito básico herdado de seu fundador e se abre à dimensão espiritual e eterna do homem, imediatamente redescobre o extraordinário valor da virgindade como sinal. Um dos primeiros e mais famosos discípulos de Freud afirmou: "O único caminho para alguém livrar-se do conflito humano é a renúncia total que leva a oferecer totalmente a própria vida como dom ao Sumo Poder... A verdadeira e heróica valorização da vida está acima do sexo, acima do outro, acima dos limites da religião particular, acima de outros artifícios que rebaixam a pessoa limitando-a, deixando-a fracionada na ambiguidade... Para atingir a estabilidade, a pessoa deve lançar seu olhar para além dos outros e de suas consolações, para além de todas as coisas deste mundo" (O. Rank, em E. Becker, *Il rifiuto della morte*, Roma 1982, p. 229-231).

Podemos, porém, chegar à mesma conclusão pelo caminho ainda mais seguro, o da revelação, vendo como a virgindade e o celibato não renegam a natureza, mas apenas a realizam em um plano mais profundo. Para saber que é o homem e que é "natural" para ele, o pensamento humano sempre se baseou na análise da sua natureza, entendendo como natureza – segundo o significado etimológico da palavra – aquilo que o homem é desde seu nascimento. Mas a Bíblia (que desconhece totalmente o conceito de natureza aplicado ao homem) baseia-se, pelo contrário, no conceito de *vocação*: o homem não é apenas aquilo que é por natureza, mas também aquilo que é chamado a ser mediante sua liberdade e na obediência à palavra de Deus. O homem perfeito é Jesus ressuscitado, o "segundo homem", "o Adão definitivo" (cf. 1Cor 15,45-47), como diziam os Santos Padres. Quanto mais uma pessoa se aproxima desse modelo de humanidade, tanto mais é humana, plenamente humana. Se existisse apenas a natureza, não haveria motivo válido para opor-se às tendências e aos impulsos naturais; acontece que existe também a vocação. Em certo sentido poderíamos dizer que o estado mais "natural" para o ser humano é exatamente a virgindade, pois que não somos "chamados" a viver num eterno relacionamento de casal, mas a viver num eterno relacionamento com Deus. Deus, não um *partner* humano, é que deverá ser para sempre o nosso "todo" (cf. 1Cor 15,28).

A dimensão missionária do celibato e da virgindade

Essa é a primeira motivação para a virgindade e o celibato, decorrente do fato de o Reino "já" ter vindo. Voltemos agora à palavra fundadora de Jesus, para descobrir a segunda motivação, ligada também essa à natureza do Reino. O Reino de Deus, dizíamos, em outro sentido ainda "não veio", mas está a caminho. Deve chegar *em intensidade* à Igreja (quantas zonas pagãs ainda existem em nós, que precisam ser evangelizadas!) e deve chegar também *em extensão*, atingindo até os confins do mundo (quantas nações, quantos continentes ainda esperam a luz do Evangelho!).

Pois bem, eis a motivação que brota desse fato. Uma vez que o Reino de Deus ainda não veio, mas está a caminho, são necessários homens e mulheres que, com tempo integral e coração pleno, se dediquem à vinda desse Reino. E com isso estamos na dimensão missionária, ou apostólica, da virgindade e do celibato que, como vemos, brota natural e evidentemente da palavra de Jesus "pelo Reino dos céus". Essa dimensão não diz respeito apenas aos consagrados que de fato partem para terras longínquas a anunciar o Evangelho, mas a todos os virgens e a todas as virgens. A Igreja reconheceu-o quando proclamou uma enclausurada, Santa Teresinha do Menino Jesus, padroeira das missões.

É difícil imaginar como seria hoje o rosto da Igreja se, durante os séculos, não tivesse existido essa fileira de homens e mulheres que renunciaram a "casa, mulher e filhos" pelo Reino dos céus (cf. Lc 18,29). O anúncio do Evangelho e a missão em grande parte estiveram sobre seus ombros. No interior da cristandade, com o estudo fizeram avançar o conhecimento da palavra de Deus; abriram caminhos novos ao pensamento e à espiritualidade dos cristãos; fora, levaram o anúncio do Evangelho aos povos mais afastados. Eles é que fizeram surgir quase todas as instituições caritativas que tanto enriqueceram a Igreja e o mundo.

Às vezes se recrimina a Igreja católica por ter dado uma interpretação muito ampla à palavra de Jesus sobre o celibato por amor do Reino, impondo-o a todos os seus padres. É verdade que Jesus não impôs a escolha do celibato, mas nem a Igreja a impõe, nem muito menos impeça alguém de se casar. Ver sob essa luz o celibato dos sacerdotes católicos é uma grave distorção. A Igreja simplesmente estabeleceu o celibato como um dos requisitos para aqueles que querem exercitar o ministério sacerdotal, que depende de sua livre escolha. A Igreja acompanha o modo de agir de Jesus diante do jovem rico e diz: Se você quer ser meu colaborador, aceite viver em castidade e depois venha servir-me. "Se quiser!" Sendo o sacerdócio um chamado para servir a Igreja como colaboradores do bispo, ela tem o direito de estabelecer os requisitos para esse serviço. É o mesmíssimo princípio que leva a Igreja ortodoxa a reservar o episcopado aos não casados. Entre a Igreja católica e a ortodoxa a diferença está apenas na extensão, não no próprio princípio. Parece-me, pois, que é muito maior a falha, por deficiência, daquelas Igrejas cristãs que se propõem anunciar o "Evangelho pleno" mas não têm nenhuma forma de realização dessa proposta evangélica do celibato por amor do Reino, como muitas vezes também não têm qualquer forma de realização daquela outra proposta, igualmente clara e explícita, de vender tudo para seguir a Cristo na pobreza voluntária. Não sendo de origem divina, o celibato obrigatório dos padres pode ser discutido, mas ninguém pode honestamente negar que, apesar de todos os inconvenientes e de todas as defecções inevitáveis, no conjunto essa opção favoreceu muitíssimo a causa do Reino e da santidade, sendo ainda hoje um sinal muito eficaz no meio do povo cristão.

Pelo que se disse fica muito claro que a virgindade não é o mesmo que esterilidade; pelo contrário, é *fecundidade* máxima, se bem que num plano diverso e mais alto que o plano físico. A virgindade, quando aparece pela primeira vez na história da salvação, está ligada ao nascimento de uma criança: *Eis, que a virgem conceberá e dará à luz um filho...* (Is 7,14). A tradição percebeu esse nexo, associando constantemente o título de virgem ao de mãe. Maria é a virgem mãe; a Igreja é virgem e mãe. Como escreve Clemente de Alexandria: "Um é o Pai de todos, um é também o Verbo de todos, um e idêntico é o Espírito Santo e uma só é a virgem mãe: é assim que gosto de chamar a Igreja" (*Pedagogo*, I,6). Afinal, cada alma, e em particular cada alma consagrada, é virgem e mãe: "Cada alma crente, esposa do Verbo de Deus, mãe, filha e irmã de Cristo, é considerada a seu modo virgem e fecunda" (Beato Isac da Estrela, *Sermo* 51; PL 194,1863).

Como eu dizia, é uma fecundidade de tipo diferente, espiritual e não carnal. Mas, como o homem é também espírito e não apenas carne, também essa é uma fecundidade profundamente humana, é um modo de ser realmente pai ou mãe. É o mesmo tipo de fecundidade que permitia a São Paulo dizer aos cristãos que instruíra na fé: *Fui eu quem, pelo Evangelho, os gerou no Cristo Jesus* (1Cor 4,15) e também: *Meus filhinhos, que de novo estou dando à luz na dor* (Gl 4,19). Muito bem o sabe o povo cristão que, em todas as culturas, espontaneamente deu aos virgens – padres, religiosos e monges – o título de "pais" (padres) e às virgens o título de "mães" (madres). Quantos missionários e quantos fundadores de obras são lembrados simplesmente como "o Pai", e quantas mulheres simplesmente como "a Mãe".

Hoje se fala muito da "qualidade da vida". Diz-se que o mais importante não é aumentar a quantidade da vida sobre o nosso planeta, mas sim elevar sua qualidade. Geralmente por "qualidade" se entende a qualidade higiênica, sanitária, cultural. Existe, porém, uma qualidade espiritual da vida que é a mais importante, porque se refere à alma do homem, isto é, aquilo que dele continua para sempre. Pois bem, os virgens por amor do Reino são chamados a empenhar-se para que se eleve essa qualidade espiritual da vida, sem contar que muitas vezes são eles que mais bem e mais desinteressadamente colaboraram e colaboram para elevar também a outra qualidade, a higiênica, sanitária e cultural.

São Gregório Nazianzeno criou um verso estupendo em louvor da virgindade. Quando o li, de começo pensei que se tratasse de uma expressão um tanto enfática, destinada a exaltar o valor da virgindade. Ele diz, com efeito, que a virgindade tem na Igreja o modelo mais alto, a Trindade, acima até mesmo de Maria! "A primeira virgem – diz – é a Santíssima Trindade" (*Cantos* I,2; PG 37,523 A). Mais uma vez, porém, pensando um pouco mais, tive de reconhecer que os Santos Padres jamais dizem algo apenas por dizer, sem uma razão objetiva e profunda. Sim, a "primeira virgem" é de fato a Santíssima Trindade, e não só porque foi virginal a geração eterna do Verbo do Pai, mas também porque a Trindade criou sozinha o universo, sem participação de qualquer outro princípio, nem mesmo o de uma "matéria preexistente". Criou do nada, virginalmente. Em qualquer geração de tipo sexual há um elemento de egoísmo e de concupiscência. O homem e a mulher, ao gerar um filho, fazem um dom, mas também "fazem um dom" a si mesmos; realizam algo, mas também "se realizam", precisando do encontro com o outro para completar-se e enriquecer-se. A Trindade, porém, quando cria, realiza, não "se realiza", sendo já em si mesma perfeitamente feliz e completa. "Fizestes todas as coisas – diz a Oração Eucarística IV – para cobrir de bênçãos as vossas criaturas e a muitos alegrar com a vossa luz."

A virgindade revela assim sua característica mais bela, a gratuidade. A virgem e o virgem cristãos imitam um pouco essa gratuidade, quando dão seu amor e seus cuidados a crianças que não são suas segundo a carne, a doentes e anciãos que são de outros, e quando – é principalmente o caso dos enclausurados e enclausuradas da Igreja – tomam sobre os ombros os pecados de outros para levá-los até diante de Deus, intercedendo pelo mundo. "Em certas horas do dia e da noite – lemos em uma regra medieval para mulheres enclausuradas – tenham em seu coração todos os doentes e aflitos que sofrem pela dor ou pela pobreza; pensem nos tormentos que padecem os que estão nas prisões, em pesados cepos de ferro... Pensem, com o coração cheio de compaixão, naqueles que estão em gravíssimas tentações. Conservem no coração as dores de todas essas pessoas e, com suspiros, supliquem a nosso Senhor que tenha piedade delas e para elas volte seu olhar de misericórdia" (*Regra das Eremitas [Ancrene Riwle]*, ed. de M. B. Salu, Londres 1955, p. 12). Não se pode certamente chamar de estéril uma vida assim, vivida com um espírito tão amplo quanto o mundo.

A fecundidade da virgem é de natureza esponsal. Os filhos são gerados pela união com um esposo. A virgem, vivendo "unida ao Senhor sem distrações", como dirá São Paulo, dá à luz filhos para Cristo. Quando nós sacerdotes encontramos almas que não conseguimos reconduzir sozinhos à luz, porque estão por demais atoladas no mal, a quem recorremos? Vamos bater à porta de algum convento de clausura e as confiamos a uma esposa de Cristo. Assim muitas vezes assistimos ao milagre de uma ressurreição, ainda que jamais saibamos – somente Deus o sabe – quanto custou. Um dia, quando essas virgens puserem os pés na Jerusalém celeste e encontrarem esses filhos que nem sabiam ter, também elas haverão de exclamar cheias de espanto como a virgem de Sião: *Quem me deu à luz estes filhos? Eu não tinha filhos e era estéril... quem então os criou?* (Is 49,21).

A fecundidade da monja enclausurada depende do fato de ela, com a oração, o amor silencioso, a fé e a esperança agir diretamente sobre a causa primeira, sobre Deus, e não sobre as causas segundas. E é o Esposo que distribui seus frutos aos amigos. Com a esposa do Cântico ela diz a Cristo: "Todos os meus frutos melhores, meu Amado, para ti os reservei" (cf. Ct 7,14). E o Esposo diz: *Vou ao meu jardim, minha irmã e minha noiva, colher mirra e bálsamo;* e depois, dirigindo-se aos pecadores, diz: *Amigos, comei! bebei e embriagai-vos* (Ct 5,1). A esposa não quer saber para quem vão os frutos de seu orar e de seu sofrer; pertencem ao Esposo que os dá a quem ele quer. Os outros devem preocupar-se com a distribuição e a administração; ela não. Na verdade o Senhor "instala no lar a mulher estéril, como ditosa mãe de família" (Sl 113,9).

2. "Quem não é casado preocupa-se das coisas do Senhor"

O segundo grande texto do Novo Testamento sobre a virgindade, ao lado de Mateus 19, é o de São Paulo na primeira carta aos coríntios. Diz assim: *Este mundo é uma figura passageira! Desejo que vocês vivam livres de preocupações. Quem não é casado preocupa-se das coisas do Senhor e do modo de agradar a Ele. Quem é casado preocupa-se com as coisas do mundo e de como agradar à mulher. Fica dividido. A mulher que não é casada e a virgem cuidam das coisas do Senhor, querem ser santas de corpo e de espírito. Mas a mulher que é casada cuida das coisas do mundo, do modo de agradar ao marido. Digo isto no interesse de vocês, não para armar-lhes uma cilada, mas sim para animá-los ao que é digno e que leva à intimidade do Senhor sem distrações* (1Cor 7,31-35).

À primeira vista, a motivação de São Paulo para a virgindade parece diversa da apresentada por Jesus. Poderíamos dizer que é uma motivação subjetiva, quase psicológica, centrada no bem do indivíduo e na sua tranquilidade mais do que no Reino de Deus. Mas não é assim. Estamos diante da mesma motivação profundamente objetiva e teológica, que tem por objetivo a Deus e não a nós mesmos.

Todos os motivos aduzidos pelo apóstolo em favor da virgindade e do celibato resumem-se na expressão "pelo Senhor", e essa expressão, depois da Páscoa, corresponde exatamente à expressão "pelo Reino dos céus". Sabemos que depois da Páscoa desaparece quase totalmente da pregação cristã a expressão "Reino dos céus" ou "Reino de Deus" tão central na pregação de Jesus. Em seu lugar encontramos o quérigma apostólico: Cristo morreu; Cristo ressuscitou; Cristo é o Senhor! Sim, porque agora o Reino, ou a salvação, consiste exatamente nisso. Antes da Páscoa, Jesus dizia: *Completou-se o tempo e o Reino de Deus está perto. Arrependam-se, creiam no Evangelho* (Mc 1,15); depois da Páscoa esse anúncio, feito de uma notícia ("o Reino de Deus chegou") e de uma ordem ("convertam-se"), passa a ser: *Deus estabeleceu como Senhor e Messias a esse Jesus... arrependam-se e cada um procure receber o batismo...* (At 2,36.38).

O motivo com que Paulo justifica sua exortação à virgindade ("Este mundo é uma figura passageira!") lembra muito o que consideramos acima, ou seja: "completou-se o tempo", chegou agora o tempo final, em que já é possível viver como "filhos da ressurreição", à maneira do século futuro.

Há, porém, uma diferença entre o texto de Jesus e o de Paulo, e é importante notá-la. No primeiro texto, a pessoa não se casa "pelo Reino dos céus", isto é: por uma *causa*; no segundo, é "pelo Senhor", isto é: por causa de uma *pessoa*. É um progresso no modo de encarar a virgindade, mas que se deve não a Paulo mas ao próprio Jesus que, nesse meio tempo, morrendo e ressuscitando por nós, tornou-se "o Senhor", o Esposo e a cabeça da Igreja, aquele que *amou a Igreja e se entregou por ela, a fim de santificá-la, purificando-a mediante o batismo de água, pelas palavras que o acompanham; ele queria apresentar a si mesmo a Igreja, gloriosa, sem ruga nem mancha, ou algo semelhante, mas santa e imaculada* (Ef 5,25-27).

Examinemos agora mais de perto as palavras do apóstolo sobre a virgindade. Começa dizendo que gostaria de ver seus fiéis "livres de preocupações" (*amerimnous*). Se paramos aqui, corremos o risco de ver na virgindade e no celibato uma esplêndida ocasião de vida tranquila, sem problemas nem preocupações. Como São Pedro que, ouvindo as exigências austeras do matrimônio proclamadas por Jesus, exclamou: "Se é assim, é melhor não casar!" (cf. Mt 19,10). Também Jesus achava que era melhor não se casar, mas por um motivo muito diferente desse egoísmo manifestado pelo apóstolo, e imediatamente o explica falando dos que deixam de se casar por causa do Reino do céu.

Na verdade, quem é que não gostaria de ter uma vida sem preocupações? Também os estoicos e os epicureus, do tempo de Paulo, propunham-se um ideal desse tipo que designavam com o termo *apatheia* ou *atarassìa*: viver sem comoções emocionais ou passionais, sacrificando tudo a isso, até mesmo alegrias e prazeres muito intensos.

Vamos, porém, prestar atenção ao que o apóstolo diz logo em seguida: *Quem não é casado preocupa-se (merimnà) das coisas do Senhor.* Contraste singular e paradoxal: acabou de dizer que quer seus filhos "sem preocupações" e agora diz que os quer totalmente preocupados, e o repete por duas vezes, uma vez falando dos virgens e outra falando das virgens. Portanto, esses também devem viver preocupados, mas "das coisas do Senhor". Esse não é ideal de vida tranquila e atarássica, sem ansiedades. É uma vida sem preocupações mundanas, para ter todo o tempo e toda a disponibilidade para se preocupar com as coisas do Senhor. E quais são as "coisas do Senhor", com as quais é preciso preocupar-se? Terras, bens paroquiais, ou os chamados "bens eclesiásticos"? Os bens, as coisas do Senhor são as almas pelas quais morreu, é o Reino. Por isso é que existem o celibatário e a virgem: para que na Igreja e no mundo haja alguém que se preocupe com os interesses de Deus.

Nem podemos dizer que essas pessoas não se esposam. Os virgens não renunciam a esposar-se; renunciam a esposar-se *com uma criatura*.

Isso torna-se verdadeiro e evidente para o virgem quando descobre pessoalmente Jesus como "Senhor" de sua vida, tomando consciência que esse Senhor não é uma pessoa pertencente apenas ao passado – quando vivia nesta terra – nem apenas ao futuro – quando estivermos no céu. Pelo contrário, pela sua ressurreição, Jesus vive "no Espírito" e está presente cada momento a sua Igreja. O virgem ou a virgem, portanto, não renunciam a um amor "concreto" por um amor "abstrato", deixando uma pessoa real por uma pessoa imaginária; renunciam a um amor concreto por outro amor concreto, deixam uma pessoa real por outra infinitamente mais real. A diferença é que, num caso, a união é "segundo a carne" e no outro "segundo o Espírito"; num caso se forma "uma só carne", no outro "um só espírito". Como diz São Paulo, *aquele que se une ao Senhor forma com ele um só espírito* (1Cor 6,17). Esse realismo da fé levou Santa Inês a dizer diante da proposta de núpcias humanas: "Já estou desposada... Meu Senhor Jesus Cristo ligou-me a si com o anel nupcial" (antigo ofício da festa).

Os celibatários, portanto, e as virgens pelo Reino não são apenas pessoas que "renunciaram esposar-se". São antes pessoas que misteriosamente (isso é um dom!), e às vezes até dolorosamente e depois de o terem tentado, perceberam que uma criatura, uma família e filhos não lhes bastavam; sentiam-se limitadas demais, precisavam de alguma coisa divina para amar. Houve um grande homem que se viu obrigado a acolher esse convite de Deus sozinho, sem o apoio de qualquer esquema ou instituição, num ambiente como o do luteranismo que era hostil e suspeitoso diante dessa opção (Lutero tinha rejeitado o celibato e a virgindade, preferindo-lhes o casamento). Era noivo de uma jovem chamada Regina, que ele amava como só o podia fazer um rapaz idealista como ele (trata-se de Sören Kierkegaard). Quando compreendeu qual era sua verdadeira missão e qual haveria de ser sua vida neste mundo, enfrentou o martírio da separação; aliás, tudo fez para que fosse ela que dele se separasse, aceitando ser considerado indigno e desleal. Pelo fim da vida, numa página de seu *Diário*, justificou sua opção com palavras que acrescentam algo de novo a todos os elogios, antigos e modernos, ao celibato e à virgindade. Espero até que essas palavras possam ser para alguém a improvisa revelação de sua vocação: "Deus quer o celibato porque quer ser amado... Tu, infinita Majestade, ainda que não fosses amor, ainda que fosses fria na tua infinita sublimidade, mesmo assim não poderia eu deixar de te amar, pois preciso de algo majestoso para amar. Outros lamentaram-se (e concordo com eles) dizendo não ter encontrado o amor neste mundo, sentindo por isso necessidade de te amar, porque és o amor; o mesmo eu diria da falta que me fazia algo de majestoso. Havia na minha alma uma precisão da majestade, de uma majestade que jamais me cansarei ou enfastiarei de adorar. No mundo nada encontrei dessa ansiada majestade" (*Diário*, XI² a 154). Esposos da Majestade de Deus, esposos do Absoluto!

Na verdade, não creio que exista palavra melhor que "esposar" para exprimir esse relacionamento novo e especial que a virgindade estabelece com Cristo e com Deus, mesmo deixando de lado todo o significado místico que em geral essa palavra tem na linguagem religiosa. Em linguagem metafórica dizemos de alguém que "desposou" uma causa quando a ela se entregou totalmente, de corpo e alma, fazendo seus os interesses, os riscos, o sucesso dessa causa. Nesse sentido podemos dizer que o virgem desposou o Reino ou o Senhor, mas em medida ainda maior, porque não está apenas desposando uma "causa", mas também uma pessoa; não está desposando só para o tempo, mas também para a eternidade. Aquilo que prende o celibatário e a virgem ao Senhor é um vínculo de tal modo totalitário, exclusivo, acima de qualquer outro vínculo, que no plano humano encontraremos algo equivalente só nas núpcias de um homem com uma mulher.

O rabi Simeão ben Azzai, que viveu no mesmo século de São Paulo, assíduo estudioso da lei mosaica, desafiando a mentalidade em voga entre seus conacionais, recusou casar, dando esta justificativa: "Minha alma enamorou-se da *Torah*. Outros cuidarão da sobrevivência do mundo!" (*Genesi Rabbah*, 34, 14a). Com maior razão o celibatário e a virgem cristã poderão apropriar-se dessa palavra e dizer: "Minha alma enamorou-se de Jesus Cristo. Outros cuidarão da sobrevivência do mundo!"

Tendo desposado uma *causa*, o Reino dos céus, somos chamados para *servir* essa causa; tendo desposado uma *pessoa*, o Senhor, somos chamados a *agradar* a essa pessoa: "Quem não é casado – diz São Paulo – preocupa-se das coisas do Senhor e *do modo de agradar a Ele*". É muito mais do que apenas "servir". A esposa deve agradar ao marido? É esse seu desejo mais íntimo? Mas também a virgem deve agradar a Alguém! O apóstolo, com esse seu modo de falar, como que em contraponto, de casados e não casados, tacitamente convida a virgem cristã a tomar como modelo a mulher casada. Que não faria uma noiva para agradar ao noivo, uma esposa fiel e dedicada para agradar ao marido, e vice-versa? A mesma necessidade íntima, a mesma tensão contínua deve ter a virgem cristã de agradar ao Senhor. A diferença está apenas nos meios de "agradar". São Pedro lembra alguns que valem para qualquer mulher de fé, mas principalmente para a virgem: *Que o seu enfeite não seja exterior, consistindo em cabelos trançados, em jóias de ouro ou em roupas elegantes, mas sim no interior do seu coração, na incorruptibilidade de um espírito manso e calmo: isso é que é precioso aos olhos de Deus* (1Pd 3,3-4).

Os Padres da Igreja insistiram muito sobre esse ponto, descrevendo qual deveria ser o comportamento e o enfeite da virgem cristã. São Cipriano escreveu até um tratado sobre o assunto, o *De habitu virginum*. Quanto a isso, porém, a virgem tem um conselheiro melhor que os Padres para ajudá-la a descobrir quais os desejos e os gostos do Esposo: o próprio Espírito Santo! Deve pois confiar-se a ele neste maravilhoso caminho nupcial.

Deve saber que assim está desempenhando uma tarefa não apenas pessoal, mas também eclesial; não apenas subjetiva, mas também objetiva: a de ser uma pequena *epifania* ou manifestação visível da Igreja Esposa de Cristo. A Igreja, por si mesma, não tem um rosto visível nem uma alma dotada de liberdade, porque não é uma pessoa real, mas apenas uma "pessoa mística". Quem a encarnará, tornando-a manifesta diante do mundo como "virgem casta, prometida a um único esposo, o Cristo" (cf. 2Cor 11,2) se não exatamente a virgem consagrada? É verdade, também os casados participam desse simbolismo, com um matiz diverso porém. Marido e mulher são o sinal do grande mistério da união do Cristo e da Igreja (cf. Ef 5,32), mas "de Cristo e da Igreja", não apenas da Igreja diante do Cristo. Esse é um outro tipo de simbolismo, ainda que desde agora seja sumamente instrutivo ver como ambos os caminhos servem como símbolo de realidades espirituais, sendo santos portanto.

Um coração indiviso

Em nosso texto de São Paulo há uma ideia na qual ainda não prestamos atenção: a ideia do coração indiviso. Quem está casado, devendo preocupar-se das coisas do mundo e de agradar à mulher ou ao marido, "fica dividido", enquanto que a virgindade permite viver na "intimidade do Senhor sem distrações". Eu dizia ainda há pouco que o estado de virgindade, como é apresentado por São Paulo, não é algo subjetivo ou psicológico, mas sim objetivo, que tem como centro e como alvo o Senhor, e não o próprio bem da pessoa. Mas agora devemos dizer que, mesmo subordinadamente, desempenha também essa segunda função de promoção e de valorização da pessoa. Ou seja, tem também um grande valor subjetivo e existencial. Pois ajuda a pessoa a realizar a empresa mais difícil e mais bela que existe: a de sua própria reunificação interior, passando de "uma pessoa" a "pessoa una".

Existe uma diáspora, uma dispersão também dentro de nós. Se Jesus me perguntasse como àquele pobre homem do Evangelho: "Como te chamas?", também eu deveria responder: "Meu nome é Legião, porque somos muitos" (cf. Mc 5,9). Somos tantos quantos são nossos desejos, projetos e mágoas cultivadas, todos diversos e contrários entre si, arrastando-nos em direções opostas; literalmente são forças de dis*tração*. A virgindade é uma grande ajuda para avançar nesse caminho para a unidade interior, porque permite viver na "intimidade do Senhor sem distrações". Na unidade em si mesmo e na unidade com o Senhor, nisso consiste a unidade de que estamos falando. Escreveu Santo Agostinho: "A continência, de fato, recolhe-nos e leva para aquela unidade que abandonamos perdendo-nos na multiplicidade. Ama-te menos [Senhor] quem ama outras coisas contigo, sem amá-las por tua causa" (*Confissões*, X, 29).

Essa unidade é o que Jesus chama de "pureza de coração", que se manifesta principalmente no plano da vontade. Consiste em querer sempre menos coisas, até chegar a querer "uma coisa apenas". Quando uma pessoa, com toda a verdade, pode dizer com o salmista: *Uma só coisa pedi ao Senhor, só isto desejo* (Sl 26,4) e: *fora de ti, ninguém mais desejo sobre a terra* (Sl 72,25), então sim está aproximando-se da virgindade do coração, da qual a física é sinal e proteção. Porque a virgindade do coração consiste no querer uma só coisa, quando essa só coisa é Deus.

Esse aspecto clarificante e unificante da virgindade é que de preferência era posto em evidência por alguns Padres de forte têmpera ascética e mística como São Gregório Nisseno. Para ele a verdadeira virgindade é a interior, que consiste no libertar-se progressivamente das paixões e dos desejos (*pathe*) para se unir a Deus. A outra virgindade, a física, está em função dessa, é como que seu invólucro. Ele escreve: "A alma livre e solta, para poder contemplar da melhor maneira possível o prazer divino e beato, não deve voltar-se para nenhuma das coisas terrenas, nem saborear nenhum desses prazeres que como tais são apregoados pela opinião geral. Pelo contrário, das coisas materiais volta seu impulso de amor para a contemplação inteligível e imaterial das belezas. A virgindade do corpo foi concebida exatamente para que pudesse tornar real essa disposição de ânimo; sua função principal é fazer que a alma esqueça os movimentos passionais da natureza, e impedir que as exigências inferiores da carne se transformem em necessidade. Tendo-se livrado desses, a alma já não correrá o risco de – acostumando-se pouco a pouco às coisas que parecem permitidas por uma lei natural – abandonar e ignorar aquele prazer divino e genuíno que pode ser procurado somente pela pureza do elemento racional que nos guia" (São Gregório Nisseno, *De virginitate*, 5; SCh 119, p. 336 s).

Sem dúvida, há pessoas casadas que, neste caminho, estão mais avançadas que muitos celibatários e virgens. O próprio São Gregório, que traçou esse maravilhoso programa de pureza interior, era casado. Isso porém não impede que o virgem, por si, esteja em vantagem no tocante a essa tarefa, sendo portanto maior sua responsabilidade se não se preocupa em cumpri-la. O casado não pode deixar de se preocupar com as coisas do mundo e da família nem, portanto, de estar dividido. Da mulher casada, o mesmo São Gregório Nisseno diz que "um pedacinho de seu coração vai-se com o filho que gerou; e se tem muitos filhos, sua alma divide-se em tantas partes quantos são os filhos, de modo que sente em suas próprias entranhas o que acontece a cada um deles" (*De virgin.*, 3). É claro que isso pode tornar-se para ela ocasião de santificação (*A mulher* – diz a Escritura em 1Tm 2,15 – *será salva tornando-se mãe*), mesmo assim de algum modo estará dividida.

Falando de coração indiviso, mais uma vez temos ocasião de refletir e temer. O coração indiviso é algo de bom, contanto que ame alguém. Pois é melhor um coração dividido que ama, do que um coração indiviso que não ama ninguém. Nesse caso teríamos egoísmo indiviso, um coração cheio do que mais pode manchar: o próprio eu. Dessa espécie de virgens e de celibatários, infelizmente não rara, já se disse com razão: "Porque não são do homem, imaginam que são de Deus. Uma vez que não amam a ninguém, imaginam que amam a Deus" (Ch. Péguy).

De qualquer lado que se olhe, vemos que a essência do celibato e da virgindade pelo Reino é o amor esponsal pelo Senhor. Disso depende a própria "fecundidade" deste estado de vida. Como um matrimônio sem amor não seria verdadeiro matrimônio, ainda que "válido", também uma virgindade sem amor não seria verdadeira virgindade, mas apenas aparência, casca vazia e dura, sem alma.

O motivo principal da virgindade cristã é, pois, positivo, não negativo. A fenomenologia das religiões conhece múltiplas formas de virgindade, pelo menos temporária, mesmo fora do cristianismo. Essa virgindade, porém, tem um motivo negativo, de separação e abstenção do mundo e da matéria, como no budismo e na gnose (cuja palavra de ordem era "jejuar do mundo"), ou um motivo, também no fundo negativo, de pureza ritual. Motivo este que fazia considerar as crianças ("pueri innupti") e as virgens vestais, porque incorruptas, como mais dignas de aproximar-se de Deus (cf. G. van der Leeuw, *Fenomenologia della religione*, 2, § 29, Torino 1975, p. 181 s). O que nos lembra a legislação do Levítico, que impunha a abstenção do matrimônio antes dos atos de culto e sacrifícios.

Gosto muito dos Santos Padres, mas neste ponto, pelo menos uma vez, tenho algo contra eles. No Novo Testamento, como vimos, a virgindade tem uma motivação essencialmente positiva: o Reino, o Senhor. Nos Santos Padres, porém, vai aos poucos ganhando uma motivação prevalentemente negativa e ascética, como renúncia ao matrimônio e libertação das paixões. No Novo Testamento o *motivo* ("pelo Reino", "pelo Senhor") é mais importante que o *fato* (não se casar); neles, o fato de não se casar tende a se tornar mais importante que o motivo, ainda que esse evidentemente não desapareça. Há pouco eu falava do perigo de, no texto paulino, nos fixarmos na perspectiva sugerida pelas palavras "sem preocupações". Às vezes isso aconteceu, quando o ideal estoico da *apatheia*, da ausência de paixões e desejos, se tornou a coisa mais desejável do estado monástico e virginal.

Os tratados dos Santos Padres sobre a virgindade como, por exemplo, o famoso texto de São João Crisóstomo, dedicam metade de seu esforço a mostrar os males do matrimônio. "Dura – diz o Crisóstomo – e inevitável é a escravidão do matrimônio; ainda que não trouxesse nenhuma dor, o matrimônio nada tem em si de grande; de que adiantará, na hora da morte, o mais perfeito dos matrimônios? De nada!". Mesmo Gregório Nisseno que, como lembramos, era casado, mesmo ele antes de se aprofundar na exposição sobre a virgindade sente-se obrigado a pôr em evidência "os aspectos desagradáveis do casamento", e começa seu libelo dizendo: "Por onde começar a pintar essa vida difícil com as tintas foscas que lhe são adequadas?". "Todos os absurdos da vida – diz ainda – têm sua origem no matrimônio" (cf. *De virginitate*, 3-4). Também os Padres latinos, como Ambrósio e Agostinho, seguem a mesma linha.

É claro que mesmo esses Santos Padres de vez em quando se davam conta que não podiam ir muito longe nessa estrada, sob pena de acabar onde chegaram os maniqueus que combatiam em outros livros. Por isso temos, de tempos a tempos, reafirmações da bondade substancial do matrimônio, como aquela de Crisóstomo que ingenuamente diz que "acaba prejudicando a virgindade quem rebaixa o matrimônio" (*De viriginitate*, 10; SCh 125, p. 122), sem se dar conta que é exatamente isso que está fazendo. A virgindade era assim erguida sobre as ruínas do matrimônio; e temos de reconhecer que esse não era o método de Jesus.

Era um tributo que os Santos Padres pagavam à cultura do tempo, principalmente no que tinha de neoplatônica. Para essa cultura a ascensão da alma era inseparável do desprendimento da matéria e da carne, sendo esta entendida mais no sentido metafísico de Plotino do que no sentido ético de Paulo. Não devemos espantar-nos com isso. Também nós pagamos, sem perceber, nosso tributo à cultura da qual somos filhos; uma cultura, aliás, de orientação oposta à deles: voltada totalmente para as coisas daqui de baixo, como a deles era voltada para as lá do alto. E talvez o nosso tributo seja, em seu conjunto, mais perigoso que o pago por eles.

Na visão desses Padres, o acento desloca-se da escatologia para a protologia; isto é, daquilo que haverá na Jerusalém celeste para aquilo que existia no início, no paraíso terrestre. Nessa visão, o modelo e a meta para os virgens não é tanto a vida "como filhos da ressurreição", mas a vida sem concupiscências anterior à queda. A virgindade, mais que antecipação do Reino final, é retorno ao paraíso. Ou melhor, é a própria vida definitiva que é concebida a partir do que existiu no começo, como "restauração" (*apokatástasis*) do estado original. Fala-se também de "vida angélica" (*bios angelikòs*), ou semelhante aos anjos, mas tendo em vista principalmente sua natureza imaterial e de puros espíritos, e não tanto o fato de serem imortais, como o entendia Jesus (cf. Mt 22,30).

É o mesmo que observamos a propósito de quase todas as virtudes cristãs, como já o fiz notar uma outra vez falando da obediência: o motivo querigmático que apresenta como motivo a imitação de Cristo, é substituído por uma motivação derivada da ética grega, que se apoia no princípio da "reta razão". Gregório Nisseno fala da alma que "se mantém virgem seguindo a razão" (*De virginitate*, 2; SCh 119, p. 268). Gostaríamos antes de ler "seguindo o convite de Cristo". Acontece, porém, que por muito tempo os autores cristãos sentiram-se obrigados a encontrar um fundamento mais universal para as virtudes, menos contingente e histórico do que o oferecido pela palavra, pelo exemplo de Cristo e pelo seu mistério pascal. E esse fundamento era, ou parecia ser, o da "reta razão".

Para livrar a virgindade cristã dos baixios em que às vezes se viu encalhada, agora que já não se aceita essa sua implícita contraposição ao matrimônio, precisa redescobrir a simples e legítima motivação bíblica. Essa motivação bíblica que brilha não só nas palavras que examinamos até agora, mas também na própria vida das personalidades do Novo Testamento: em Jesus, em Maria, em Paulo ou João. Muitas vezes se levanta uma objeção lembrando que muitos apóstolos, como Pedro, eram casados. Esquecem, porém, que, se eram casados, deles o Senhor exigiu um sacrifício ainda maior: o de deixarem mulher, filhos e lar pela causa do Reino. *Nós deixamos nossos bens –* diz Pedro – *e te seguimos. Respondeu Jesus: "Eu lhes afirmo com toda a certeza: ninguém deixará casa ou esposa, ou irmãos, ou pais, ou filhos por amor do Reino de Deus, sem que receba muito mais neste mundo e no século futuro a vida eterna"* (Lc 18,28-30).

3. Virgindade e mistério pascal

Então a continência perfeita pelo Reino não tem nenhum significado ou valor do ponto de vista ascético? Não é também sacrifício e renúncia? Certamente. Mas também esse aspecto deve ser rigorosamente levado de volta a seu fundamento bíblico que é "Jesus, o Senhor" e seu mistério pascal.

Quando e como veio o Reino de Deus, quando e como Jesus se tornou "Senhor"? É o mesmo São Paulo que nos responde: sobre a cruz! Fez-se *obediente até a morte, e morte numa cruz. Por isso Deus o elevou acima de tudo e lhe deu o Nome que está acima de todo o nome* (Fl 2,8-11): deu-lhe o nome de *Kyrios*, Senhor. Recordo o momento quando alguns irmãos oraram sobre mim. Convidaram-me a que reescolhesse livremente e conscientemente Jesus como o Senhor da minha vida. Naquele momento aconteceu que levantei a cabeça e meu olhar caiu sobre o Crucifixo que estava diante de mim sobre o altar. Parecia que estava ali a me esperar havia muito tempo. Num instante, dentro de mim gravou a fogo esta verdade: "Não te enganes, Raniero, este é o Jesus que escolhes como teu Senhor, não um outro qualquer, água-com-açúcar!". E quantas vezes depois tive de constatar a verdade dessa palavra!

Desposar o Cristo significa, nesta terra, estarmos "crucificados com Cristo", na esperança porém de sermos com ele glorificados. A alegria não está jamais ausente, mas é uma alegria de esperança ("spe gaudentes"), isto é, um esperar a felicidade e uma felicidade no esperar. *Os que são de Cristo Jesus* – escreve o apóstolo – *crucificaram sua carne com suas paixões e concupiscências* (Gl 5,24). Temos o eco dessas palavras no que escreveu Santo Inácio de Antioquia, sendo levado preso para Roma onde sofreria o martírio: "É belo chegar à tarde deste mundo por amor ao Senhor e nele ressurgir... Todo o amor terreno (*eros*) foi crucificado em mim e não há em mim qualquer chama das coisas terrenas" (*Aos romanos*, 2 e 7).

Não espanta, por isso, que na transição ascética e mística da Igreja a cruz tenha sido frequentemente definida como "o leito nupcial", no qual a alma se une a seu divino Esposo. "Em tua cruz coloquei o meu leito" dizia a B. Ângela de Foligno. É a realização da palavra de Jesus: *Quando for levantado da terra, atrairei todos a mim* (Jo 12,32). Sobre a cruz Jesus atrai as almas que o escolheram como esposo. Ali acontece o misterioso abraço de que fala o Cântico dos Cânticos: *Sua esquerda apoia minha cabeça, e sua direita me abraça* (Ct 8,3). Ali também se cumpre a palavra profética que se lê em Jeremias: *O Senhor cria uma coisa nova sobre a terra: a mulher cingirá o homem* (Jr 31,22). Essa passagem refere-se à comunidade da nova aliança, vista como esposa de Deus, que já não fugirá de seu esposo para correr atrás dos ídolos, mas se agarrará a ele, para jamais dele ser separada. Evento que para toda a Igreja aconteceu naquilo que um Santo Padre chama de "o êxtase da cruz", do qual nasceu a nova Eva (São Metódio de Olimpo, *Simpósio das dez virgens*, 3,8; PG 18,73 A), e que se renova misticamente em cada alma que desposa o Crucifixo, tornando-se assim imagem e símbolo da nova aliança nupcial entre Deus e seu povo.

Este ideal de crucificar sua própria carne não é certamente exclusivo dos virgens (ai de nós se assim o imaginássemos!), mas é proposto a todos que receberam o Espírito de Deus. Mesmo os casados devem passar pelo fogo da Páscoa de Cristo, se quiserem que seu matrimônio seja de fato aquele "grande mistério" que simboliza a união entre Cristo e a Igreja. De fato, onde e quando se realizou essa união entre Cristo e a Igreja? Por acaso num leito de delícias, ou antes, como diz São Paulo, "no sangue", sobre a cruz? Por isso a unidade perfeita entre os esposos não é a que se experimenta no gozo partilhado, mas no sofrimento partilhado, um pelo outro, um com o outro, no saber amar-se no sofrimento e apesar do sofrimento. A primeira unidade deve servir para tornar possível a segunda.

Como eu dizia, pois, o crucificar sua própria carne não é algo exclusivo dos virgens; compete-lhes, porém, por um título específico e mais forte, pois que o escolheram como forma de vida. Nisso está o imenso potencial ascético – de esforço, de luta, de morte – da virgindade pelo Reino. Crucificar sua própria carne com suas paixões e seus desejos, principalmente o desejo sexual, que está entre os mais imperiosos, isso não é brincadeira. *Pois a carne tem desejos contrários ao Espírito* (Gl 5,17). Esse é um inimigo que está dentro de nós, que nos ataca sem trégua, de noite e de dia, quando sós ou acompanhados. Tem um aliado extraordinariamente forte – o mundo – que põe à sua disposição todos os recursos, pronto sempre a lhe dar razão e a defender seus "direitos", em nome da natureza, do bom senso, da bondade fundamental de todas as coisas... Esse é o campo "onde mais cotidiana é a batalha e mais rara a vitória" (São Cesário de Arles, *Sermo* 41,2; CCL, 103, p. 181). Essa foi a triste experiência daqueles ascetas de alma de fogo, os monges do deserto, levados pela tentação da carne até quase o desespero. "Por doze anos – conta um deles – depois de meus cinquenta anos, o demônio não me concedeu nem uma noite nem um dia de trégua em seus assaltos. Pensando que Deus me tivesse abandonado, e que exatamente por isso estivesse sendo dominado pelo Inimigo, decidi antes morrer de forma irracional do que sofrer a vergonha de cair por causa da paixão carnal. Saí e, depois de ter vagado pelo deserto, encontrei a toca de uma hiena; ali meti-me nu, durante o dia, para que as feras me devorassem quando saíssem." Depois de diversas tentativas semelhantes, ouviu dentro de si uma voz que lhe dizia no pensamento: "Vá embora, Pacômio, e lute; fiz que você fosse dominado pelo Inimigo para que não se ensoberbecesse, pensando que era forte, mas que, reconhecendo sua fraqueza e não confiando demais no seu regime de vida, procurasse a ajuda de Deus" (Paládio, *História Lausíaca*, Milano, Mondadori, 1974, pp. 129-133).

Hoje alguns consideram essa luta ascética como suspeita e a tacham de masoquismo. Não se pode menosprezar essa acusação, mas não tem nenhuma razão de ser se essa luta é livremente assumida, por motivos tão objetivos e profundos como os que lembramos até aqui. Não deve também lutar e renunciar a tantas coisas quem está casado com uma criatura, para defender esse amor e ser-lhe fiel? Que haverá de extraordinário se deve afrontar uma luta e uma renúncia mais radical e exigente quem é chamado a ser esposo ou esposa da majestade de Deus?

Esta não é a oportunidade para uma longa exposição sobre os aspectos e as formas concretas que deve assumir essa luta pela castidade (se for o caso, voltarei a isso mais adiante). É importante, porém, apresentar claramente suas bases e motivações bíblicas. Como eu dizia, o aspecto ascético, e de renúncia, da virgindade e do celibato tem como fundamento o mistério pascal. Penso mesmo que aqui esteja de fato o "porquê" último do celibato e da virgindade, e que compreendê-lo ajuda enormemente a superar tantas dúvidas e reservas levantadas na história contra esse estado de vida, não só fora da Igreja mas também, nos últimos tempos, até mesmo em seu interior. Vivemos hoje num contexto social em que já não podemos, para a defesa da castidade, contar com proteções de tipo externo como a separação dos sexos, um controle rigoroso dos contatos com o mundo e todas as outras inúmeras e minuciosas precauções com que as "Regras" em geral cercavam a observância desse voto. A facilidade das comunicações e dos deslocamentos criou uma situação nova. A guarda da castidade agora está quase completamente entregue à própria pessoa e não se pode basear senão sobre robustas convicções pessoais, que se conseguem exatamente no contato com Deus, na oração e na escuta de sua palavra. É com esse espírito e com essa intenção que continuamos nossas reflexões.

O celibato, pois, é pelo Reino. Mas, por que o Reino exige o celibato? Não pode realizar-se e manifestar-se plenamente com o matrimônio, como acontecia antes de Cristo, no regime da criação? Encontramos a resposta no início da Primeira Carta aos Coríntios: *Com efeito, já que o mundo, por meio da sabedoria, não reconheceu a Deus na sabedoria divina, é pela loucura da mensagem que aprouve a Deus salvar os que creem*(1Cor 1,21). Estamos diante de um princípio de alcance incalculável, que ilumina toda a vida terrena de Jesus e a própria existência do cristão. A "loucura" da mensagem, sabemos que é a cruz. Nesse princípio têm origem e justificativa os três votos religiosos de pobreza, obediência e castidade. Uma vez que o homem não soube usar sua *inteligência* e *vontade* para chegar a Deus, mas as transformou em ídolos, por isso aprouve a Deus apontar outro caminho, o da loucura da cruz, da "renúncia" à razão e à vontade que, de várias formas, é vivida pelos "loucos por Cristo" e pelos obedientes por causa de Cristo. Porque o homem não soube servir-se da sua *sexualidade* para sair de si mesmo e abrir-se ao amor do outro e de Deus, mas a transformou num ídolo ao qual chegou a dar nomes (Astarte, Vênus...), por isso aprouve a Deus revelar no Evangelho o caminho da renúncia ao exercício da sexualidade mediante a continência pelo Reino e a castidade perfeita. Porque o homem não soube servir-se dos *bens criados* na obediência a Deus, mas transformou-os em ocasião de avidez, de rapina e de opressão, por isso aprouve a Deus revelar no Evangelho o caminho da renúncia às riquezas, na pobreza radical pelo Reino.

O significado ascético dos votos religiosos está fundamentado, pois, no cerne do mistério cristão e na própria história da salvação. Foi somente por circunstâncias externas e no ardor da polêmica, que impede distinguir entre algo de bom e seu abuso, foi somente por isso que o reformador Lutero rejeitou em bloco a vida religiosa e os votos. Na verdade, jamais alguém deu para os votos religiosos um fundamento mais sólido do que o apresentado por ele quando formulou o princípio segundo o qual "Deus revela-se sob seu contrário" ("sub contraria specie"). Ou seja: no Novo Testamento Deus revela sua glória na humildade; sua riqueza, na pobreza; sua sabedoria, na "loucura". Se na verdade definitivamente Deus se revela de forma oposta àquela que a razão humana considera conveniente, então precisa acolhê-lo tal como se revela, entrar em seu jogo, falar sua linguagem. Seria muito curioso querer acolher como sábios, ricos e satisfeitos um Deus que se revela "louco", pobre e sofredor. Não é possível, e o próprio Jesus o afirma dizendo que, quem o quiser acompanhar, deve renunciar a si mesmo, tomar sua cruz e segui-lo, e que o Pai ocultou os mistérios do Reino aos sábios e inteligentes, revelando-os aos pequenos.

A segunda "invenção" de Deus, característica da redenção, privilegiando a "loucura", a pobreza e a castidade, não anula a primeira invenção, a da criação. Pois ambas convivem no regime novo da redenção, onde há lugar para a inteligência, a sabedoria e a pesquisa no campo humano e divino, para o matrimônio, para a posse e o uso dos bens. A segunda invenção, porém, relativiza a primeira, tira-lhe o vezo da absolutização que leva à idolatria; põe em crise todas essas coisas, crise salutar porém, da qual saem purificadas e levadas de volta a sua forma original. Tem razão São Gregório Nazianzeno ao dizer que "não haveria virgindade se não houvesse o matrimônio; mas o matrimônio não seria santo se não fosse acompanhado do fruto da virgindade" (*Oratio*, 37,10; PG 36, 293 C).

Alguns Padres da Igreja, como o Crisóstomo, São Gregório Nisseno, São Máximo Confessor, pensaram que, se não fosse o pecado de Adão, não haveria o casamento com a procriação por via sexual que o caracteriza, porque a sexualidade humana, tal como é agora exercida, é fruto do pecado original (cf. São João Crisóstomo, *De virginitate, 17,5;* São Gregório Nisseno, *De hominis opificio*, 16; PG 44,181 ss). Numa perspectiva mais bíblica, porém, e menos platônica, é preciso dizer que é verdade exatamente o contrário; isto é, se não tivesse havido o pecado, não haveria virgindade, porque não seria preciso pôr em crise e submeter a julgamento o matrimônio e a sexualidade.

Pobreza, castidade e obediência não são renúncia – ou, pior, condenação – de um *bem* criado, mas rejeição de um *mal* que se sobrepôs àquele bem. Portanto, por excelência são a proclamação da bondade originária da criação e das coisas. São um modo de imitar o Verbo de Deus que, encarnando-se, assumiu o homem todo, mas não assumiu o pecado (cf. Hb 4,15).

Os conselhos evangélicos e os votos neles baseados proclamam a bondade e a beleza da obra de Deus, exatamente porque denunciam a ambiguidade da obra do homem. A incapacidade de compreender o valor da virgindade, da obediência ou da pobreza voluntária, demonstra sempre uma diminuição da consciência do pecado no horizonte da fé, sendo característica de épocas de aguda secularização e de ingênuo otimismo diante do homem e do mundo.

Tudo que dissemos até aqui leva a distinguir radicalmente o ascetismo cristão de qualquer outro tipo de ascetismo – encratita, maniqueu, cátaro – que condena a própria realidade do matrimônio, bem como a posse dos bens. Sob essa luz, pobreza, castidade e obediência proclamam da forma mais eloquente a redenção de Cristo e o mistério pascal, que não anulam a criação original, como pensava o herege Marcião, mas a "recapitulam" como dizia Santo Irineu, isto é, libertam-na do pecado e a devolvem à luz. Sob essa luz é também possível perceber o elemento positivo e ainda válido que havia na intuição dos Padres, que viam a virgindade como retorno ao estado paradisíaco, desde que com esse retorno, porém, não se pretenda desvalorizar a própria sexualidade humana e o matrimônio ("macho e fêmea os criou"), mas o pecado que se lhes sobrepôs por livre decisão do homem.

A vida virginal e casta, pois, num sentido muito profundo, é uma vida pascal. *Cristo, nossa páscoa, foi imolado* – diz São Paulo. *Celebremos a festa, não com fermento velho, nem com um fermento de malícia e de perversidade, mas com ázimos de sinceridade e de verdade* (1Cor 5,7-8). A palavra traduzida por "sinceridade" (*heilikrineia*) traz consigo a ideia de esplendor do sol (*heile*) e de prova ou juízo (*krino*), significando pois transparência solar, algo que foi provado contra a luz e foi encontrado puro. Esse o modelo de vida que brota da Páscoa de Cristo, que é comum a todos os cristãos, mas que o virgem deve tornar seu de modo muito especial, a ponto de se tornar testemunho e sinal para todos na Igreja.

O mesmo conceito fundamental é expresso por São Paulo neste outro texto parenético da Carta aos Romanos, onde está presente também a ideia de sacrifício: *Portanto, irmãos, pela misericórdia de Deus, eu lhes peço: ofereçam seus corpos como sacrifício vivo, santo e agradável a Deus, pois este é o culto espiritual que vocês devem prestar. Não tomem por modelo este mun-*

do, mas transformem-se renovando o espírito de vocês, para que possam distinguir qual é a vontade de Deus, e o que é bom, o que lhe agrada e é perfeito (Rm 12,1-2). "Portanto irmãos": essa conjunção "portanto" é aqui significativa; diz que o sacrifício vivo do cristão é exigido pelo sacrifício de Cristo, do qual o Apóstolo falara antes, sendo sua consequência lógica. Pois que o Cristo ofereceu seu corpo em sacrifício, também os discípulos devem oferecer seus corpos em sacrifício. Assim se vê como a vida cristã, além de um cunho pascal, tem também um cunho eucarístico.

O sacrifício supõe sempre a destruição e a morte de alguma coisa, e também aqui se fala de uma forma de separação e de morte: o cristão não deve conformar-se com este mundo, mas deve "morrer para o mundo". Há certa analogia entre a morte física e esta morte ascética: na morte física, a alma separa-se do corpo; nesta morte do espírito, alma e corpo, isto é, toda a pessoa, separa-se do mundo que para ela é como que um corpo mais amplo no qual vive e se move. Uma e outra morte são dolorosas, porque se dá um desenraizamento da terra em que fomos plantados e crescemos. Por isso é que se fala de um sacrifício "vivo": este é um morrer vivendo e um viver morrendo. Como diz o apóstolo, trata-se de fato de uma crucifixão: *o mundo está crucificado para mim, e eu para o mundo* (Gl 6,14).

Novamente, temos de ter cuidado para não considerar esse ideal do sacrifício vivo como próprio e exclusivo do virgem. Digamos apenas que o virgem deve fazê-lo seu e vivê-lo de modo mais radical, fazendo dele o cerne de sua vida cotidiana. Não se deve deixar enganar se hoje muitas vezes vê pôr em discussão o ideal tradicional da "fuga do mundo", como se já não correspondesse ao nosso conceito de uma Igreja que existe "para o mundo". Talvez a expressão deva ser criticada, ou até abandonada, mas seu conceito básico permanece intocável, porque fundamentado na palavra de Deus que é "viva e eterna". São João que escrevera em seu Evangelho que "Deus amou tanto o mundo", é o mesmo que escreve aos cristãos em sua primeira carta: *Não amem o mundo nem o que está no mundo!* (1Jo 2,15).

Encerrando esta primeira parte, na qual procurei evidenciar as motivações bíblicas da virgindade, gostaria de citar um texto do decreto do Concílio Vaticano II sobre a renovação da vida religiosa, que retoma quase todas as motivações evocadas: "A castidade 'por causa do Reino dos céus' que os religiosos professam há de ser apreciada como insigne dom da graça. Pois libera de modo singular o coração do homem (cf. 1Cor 7,32-35) para inflamar-se mais na caridade de Deus e dos homens todos (*dimensão existencial da virgindade!*); é ela por isso um sinal peculiar dos bens celestes (*dimensão profética da virgindade!*), além de meio muito apto para se dedicarem os religiosos com ardor ao serviço divino e às obras do apostolado (*dimensão missionária da virgindade!*). Assim evocam eles, perante todos os fiéis cristãos, aquela admirável união estabelecida por Deus e que há de manifestar-se plenamente no século futuro, pela qual a Igreja tem a Cristo como único esposo (*dimensão esponsal da virgindade!*)" (*Perfectae caritatis*, 12).

Segunda parte

**COMO VIVER A VIRGINDADE
E O CELIBATO PELO REINO**

1. Matrimônio e virgindade: dois carismas

O celibato ou virgindade tornou-se atualmente uma instituição na Igreja. Para a sociedade, ela é um "estado"; em nosso cartão de identidade está escrito: "estado civil: solteiro, solteira". Um estado, pois, regulamentado por leis e que, na Igreja, anda sendo muito discutido (se, por exemplo, o celibato deva ser mantido como obrigatório para os padres etc.), e que fora é olhado com suspeita e às vezes com dó por muitos representantes das chamadas ciências humanas, como a psicologia e a sociologia. Um desses – para citar apenas o mais famoso – disse que "em nossos dias a neurose substitui o convento, ao qual costumam retirar-se os desiludidos com a vida, ou os que se sentiam fracos demais para enfrentá-la" (S. Freud, *Cinque conferenze sulla Psicanalisi,* 1909). A virgindade e o celibato seriam os antigos equivalentes da moderna neurose!

Nesse clima é muito fácil que as palavras celibato e virgindade evoquem logo a ideia de um problema não resolvido, de algo candente, e não tanto a ideia de um ideal, de uma "invenção" divina do Cristo. Há o perigo de perder de vista o essencial diante de algumas questões puramente acidentais e marginais. Precisa, pois, uma mudança total de mentalidade, uma conversão, e isso pode acontecer somente por obra do Espírito Santo. Ele não faz coisas novas, mas faz novas as coisas. Renova pessoas e instituições, portanto também o celibato pelo Reino e a virgindade pelo Senhor. O Espírito Santo envia seu sopro poderoso para devolver autenticidade e esplendor evangélico a todas as coisas na Igreja. Jamais me canso de citar as palavras de João Paulo II por ocasião da passagem do décimo sexto centenário do Concílio Ecumênico de Constantinopla (381), que proclamou a divindade do Espírito Santo: "Toda a *obra de renovação da Igreja*, que o Concílio Vaticano II tão providencialmente propôs e iniciou... não pode realizar-se senão *no Espírito Santo*, isto é, com a ajuda de sua luz e de sua força" (AAS, 73, 1981, p. 521; os destaques são do original).

Afinal, que é a virgindade feminina ou masculina? Por causa de uma palavra de São Paulo no texto que comentamos acima ("Quanto às virgens, não tenho preceito do Senhor, mas dou-lhes um *conselho*", 1Cor 7,25), no passado a virgindade, a pobreza voluntária e a obediência foram vistas e explicadas preferentemente com a categoria de "conselhos evangélicos", distinguindo-se assim dos "preceitos", como seria por exemplo a fidelidade conjugal. Penso que já foi amplamente ilustrado o que se poderia dizer ou pensar da virgindade e do celibato partindo desse conceito. Bem pouco se poderia acrescentar à lúcida síntese de Santo Tomás na *Summa Theologica* (cf. I-II^{ae}, q. 108, a. 4). Por isso, talvez pague a pena que tentemos ver o que podemos descobrir partindo de outra categoria, usada pelo apóstolo no mesmo contexto para definir o matrimônio e a virgindade: a categoria do *carisma*. *Cada um recebe de Deus seu dom (carisma) particular: um este, o outro aquele* (1Cor 7,7). Ou seja: o casado tem seu carisma, o virgem tem o seu. A ideia de "dom" está implícita, aliás, nas próprias palavras com que Jesus institui o celibato pelo Reino, quando diz que nem todos podem compreender essa proposta, mas somente aqueles aos quais "for dado" (*dedòtai*) compreender (cf. Mt 19,11).

"Uma manifestação particular do Espírito"

Se, pois, a virgindade é essencialmente um carisma, então esse carisma é "uma manifestação particular do Espírito", porque assim é que se define o carisma no Novo Testamento (cf. 1Cor 12,7). Se é um carisma, então é mais um dom recebido de Deus do que um dom feito a Deus. Particularmente para virgens vale a palavra de Jesus: *Não foram vocês que me escolheram, mas fui eu que os escolhi* (Jo 15,16). Você não escolhe o celibato e a virgindade para entrar no Reino, mas porque o Reino entrou em você. Em outras palavras, você não guarda a virgindade para salvar mais facilmente a alma, mas porque o Reino, ou melhor o Senhor, tomou posse de você, escolheu você, e por isso você sente a necessidade de permanecer livre para responder plenamente a essa escolha.

Pelo que disse até aqui surge a necessidade de uma conversão diante da virgindade e do celibato, conversão que consiste na passagem da atitude de quem pensa ter feito um dom, um sacrifício, um grande sacrifício, para a atitude totalmente oposta de quem percebe ter recebido um dom, um grande dom, que deve antes de tudo agradecer. Temos de reconhecer que, às vezes, de maneira mais ou menos consciente, existe esse sentimento em pessoas consagradas. Às vezes os irmãos casados, sem se dar conta, alimentam essa convicção com comentários mais ou menos deste tipo: "Renunciar a ter uma família, viver só, renunciar a um brilhante futuro, trancar-se num seminário ou convento: que renúncia, que coragem!". E nós, quem sabe, acabamos acreditando nisso.

No entanto, se nossa vocação é autêntica, sabemos que é verdade exatamente o contrário, e que antes deveríamos exclamar: "Que sorte!". Creio que não existe nenhuma pessoa chamada a este tipo de seguimento de Cristo que, em algum momento – principalmente no início, no desabrochar da vocação – não tenha visto claramente, ou pelo menos vislumbrado, que estava recebendo de Deus a maior graça depois do batismo.

Vamos dar um passo adiante. Se a virgindade ou celibato é um carisma, então se deverá viver *carismaticamente*, e isso significa simplesmente viver como quem está vivendo um dom. Antes de mais nada com *humildade*. O grande mártir Inácio de Antioquia, que viveu logo depois dos tempos apostólicos, escrevia: "Se alguém, para honra da carne do Senhor, consegue viver em castidade, continue humildemente nessa vida, porque estará perdido se se vangloriar; se se julga superior ao bispo, está arruinado" (*A Policarpo* 5,2). Alguns Padres, como São Jerônimo, Santo Agostinho e São Bernardo chegaram a dizer que "é melhor um incontinente humilde do que um virgem orgulhoso". Há uma grande afinidade entre humildade e castidade, como entre a soberba e a luxúria. A luxúria é o orgulho da carne, e o orgulho é a luxúria do espírito. Os celibatários e os virgens estão particularmente expostos à tentação do orgulho. Jamais se ajoelharam diante de uma criatura, reconhecendo-se incompletos e necessitados do outro, dizendo: "Dê-me o seu ser, porque o meu não me basta!". Disse uma profunda verdade quem afirmou: "O homem é um ser orgulhoso; não havia outro modo de fazê-lo compreender o próximo senão o fazendo entrar na carne; não havia meio de fazê-lo compreender a dependência, a necessidade e a carência senão mediante o domínio sobre ele desse ser diferente, que o domina pelo simples fato de existir" (Paul Claudel, *Le soulier de satin*, III, cena 8). A primeira e mais radical forma de submissão é a do homem à mulher e da mulher ao homem. O celibatário e a virgem também vivem, a seu modo não conjugal, essa forma de submissão, tão salutar para vencer a autossuficiência, o orgulho, a independência. Mas certamente são menos "condicionados" pelo outro sexo, e por isso mais expostos ao espírito de orgulho. De uma comunidade de virgens muito austeras e cultas (penso que fosse aquela de Port-Royal), um visitador mandado pela autoridade eclesiástica escreveu em seu relatório: "Essas mulheres são puras como anjos, mas orgulhosas como demônios".

O primeiro modo, pois, de viver o dom da castidade é a humildade. O segundo é a alegria e a paz, pois está escrito que *fruto do Espírito é amor, alegria e paz* (Gl 5,22) e, se a castidade perfeita pelo Reino é um "carisma", deve mostrar os frutos do Espírito.

Finalmente, se a virgindade é um carisma, deve ser vivida com *liberdade*, porque também está escrito que *onde está o Espírito do Senhor, aí está a liberdade* (2Cor 3,17). Uma liberdade, entende-se, interior, não exterior, que significa ausência de complexos, de tabus, de desconforto, de medo. Não há dúvida que no passado muito se prejudicou a virgindade cristã cercando-a de uma selva de medos, de suspeitas, de "cuidado com isso, cuidado com aquilo!", fazendo dessa vocação uma espécie de estrada onde todas as placas dizem: "Perigo!". Isso seria repetir o erro do servo preguiçoso do Evangelho que, tendo recebido um precioso talento, com medo de o perder, vai enterrá-lo em vez de o fazer render. Deixamos o mundo acreditar que o princípio que nele age é mais forte que o espírito que age em nós. No entanto, São João diz claramente aos cristãos: *Aquele que está em vocês é maior que aquele que está no mundo* (1Jo 4,4). Não há dúvida que, às vezes, pusemos essa luz debaixo do alqueire, quando a deveríamos colocar no candelabro, para que ilumine a todos que estão na casa, isto é, na Igreja.

Vimos que a virgindade pelo Reino é ao mesmo tempo abandono pascal do mundo e profecia da vida futura. No passado, os religiosos e religiosas quiseram testemunhar com a cor de seus hábitos e com outros sinais principalmente esse aspecto de renúncia ao mundo e de ruptura com ele. Não seria bonito e oportuno se algumas novas comunidades religiosas – e de certo modo também as tradicionais – manifestassem ao mundo também esse outro aspecto, mais importante, de seu carisma, o de serem pela fé e pela esperança antecipação do brilho e da alegria da Jerusalém celeste, quando a esposa haverá de vestir "uma veste de linho resplandecente" (cf. Ap 19,8)? Um testemunho assim, positivo, que fala de outra beleza e de outra alegria que não se corrompem, talvez seja mais necessário para o mundo do que aquele negativo, que fala de fuga do mundo, ainda que se deva lembrar que essa alegria se testemunha mais com a luz dos olhos e com a unção da palavra do que com a cor da roupa.

Mas, talvez o resultado maior que se obtém falando da virgindade e celibato em termos de carisma seja o de se afastar definitivamente essa oposição latente entre virgindade e matrimônio que tanto prejudicou nossas vocações cristãs. A virgindade é um carisma e também o matrimônio é um carisma. Uma e outro são "uma manifestação particular do Espírito". Como podem opor-se ou ser incompatíveis se ambos vêm "do mesmo Espírito"? Na noção de carisma e na outra, muito próxima, de vocação, ambas as formas de vida podem finalmente viver plenamente reconciliadas, edificando-se até mutuamente. Uma confirma, não destrói a outra. Exatamente porque, na visão cristã, o matrimônio é considerado como bom e como dom espiritual, exatamente por isso a virgindade e o celibato são algo de grande e belo. De fato, que mérito haveria em não se casar, se o casamento fosse algo de mau ou simplesmente perigoso e desaconselhável? Não se casar seria simplesmente um dever e nada mais, como o fugir de qualquer ocasião de pecado. Mas, exatamente porque o matrimônio é bom e belo, renunciar a ele por motivos superiores é ainda mais belo. Quem vai ouvir um belo concerto faz coisa boa e sadia. Mas quem por amor deixa de ir a um concerto, que tanto o atrai – para não deixar, digamos, sozinha uma pessoa querida – faz coisa melhor ainda. Nesse sentido São Paulo diz que quem se casa faz bem, mas quem não se casa faz melhor (cf. 1Cor 7,38).

Pensando bem, é apenas a existência do matrimônio que torna a virgindade uma opção, e é apenas a existência da virgindade que torna o matrimônio uma opção. Sem um dos dois, já não haveria "escolha". E, se houvesse escolha (por exemplo entre o casamento e o amor livre, entre casar-se e ficar solteiro por amor da liberdade e da tranquilidade) ela seria moralmente inaceitável.

Com isso não estamos dizendo nada de novo ou de revolucionário, estamos apenas voltando ao pensamento e à atitude de Jesus, superando certos condicionamentos ligados a culturas particulares e a momentos históricos. O Espírito Santo jamais deixa de, em todos os campos, guiar a Igreja na direção do conhecimento da verdade total. "Por obra do Espírito Santo, dizia Santo Irineu, como licor contido em frasco precioso, a revelação continuamente se rejuvenesce e também rejuvenesce o frasco que a contém" (*Adversus Haereses* III, 24,1). O Espírito Santo, como eu dizia acima, não faz coisas novas, mas faz novas as coisas. Rejuvenesce, devolve-lhes o esplendor primitivo, e o mesmo faz com o carisma da virgindade consagrada.

A propósito desse voltar ao espírito e ao pensamento de Jesus, muito me impressiona que, no Evangelho de Mateus, imediatamente depois da palavra sobre os que não se casam por amor do Reino, sem nenhum intervalo, mas ligada até por um advérbio de tempo, vem a palavra de Jesus sobre as crianças: *Apresentaram-lhe então (!) crianças, para que lhes impusesse as mãos e rezasse por elas. Os discípulos, porém, procuravam afastá-las. Mas Jesus lhes disse: Deixem vir a mim as crianças* (Mt 19,13-14). Desse modo, a palavra sobre a continência voluntária está entre duas grandes afirmações de Jesus sobre o casamento: aquela sobre a indissolubilidade do matrimônio ("Vocês não sabem... que no princípio o Criador os fez homem e mulher...?") e essa sobre as crianças. As crianças são o fruto do matrimônio, são o amor dos esposos que se fez carne. Acolher as crianças, como o faz Jesus, é também acolher a realidade do matrimônio do modo mais pleno e até as implicações mais íntimas. Dizer: "Deixem vir a mim as crianças" é mais ou menos como dizer: "Deixem que os esposos, que os papais e mamães venham a mim". Pais e mães sabem perfeitamente que acolher seus filhos é o mesmo que os acolher, e até mais. Naturalmente tudo isso vale quando o próprio matrimônio é vivido na fé e na vontade de Deus.

É só na fé que esses dois carismas se encontram e se iluminam mutuamente. Por isso o mártir Santo Inácio, que há pouco ouvimos exortando os virgens à humildade, no mesmo tempo insiste que os casados se casem "no Senhor". Ele escreve quando ainda estamos nos inícios do século segundo: "Convém que os esposos contraiam sua união com o consentimento do bispo, para que as núpcias se façam segundo o Senhor e não segundo a concupiscência, e tudo se faça para a honra de Deus" (*A Policarpo*, 5,2). Tudo é assim reconduzido sempre à mesma fonte, o senhorio de Cristo. A virgindade tem valor se abraçada "pelo Senhor", e o matrimônio tem valor se celebrado e vivido "segundo o Senhor".

"Para a utilidade de todos"

Vamos, porém, dar ainda um passo na linha da doutrina dos carismas. Como diz São Paulo, o carisma é "uma manifestação particular do Espírito para a *utilidade comum*" (1Cor 12,7). São Pedro afirma a mesma coisa quando escreve que "cada um viva conforme a graça *(chárisma)* que recebeu, *e coloque-a a serviço dos outros*" (cf. 1Pd 4,10).

Que significa tudo isso aplicado ao nosso caso? Que o celibato e a virgindade existem para o bem dos casados, e que o matrimônio existe para o bem dos virgens. A virgindade consagrada não é pois uma questão meramente particular, uma opção pessoal de perfeição. É feita, ao contrário, "para a utilidade comum", "a serviço dos outros". Os destinatários do dom são apenas alguns, os chamados, mas os beneficiários são todos. Essa é a intrínseca natureza do carisma, algo aparentemente contraditório: algo de "particular"("uma manifestação particular do Espírito"), mas que serve a todos ("para a utilidade comum").

Na Igreja, virgens e casados "edificam-se" mutuamente. Aos casados os virgens relembram o primado de Deus e do que não passa; os consagrados introduzem-nos no amor, pela palavra de Deus que eles, tendo mais tempo e disponibilidade, podem aprofundar mais para depois a repartir com os irmãos mais atarefados com as ocupações do mundo.

Mas também os virgens e os celibatários aprendem com os casados. Aprendem a generosidade, o esquecimento de si, o serviço em favor da vida e, muitas vezes, certa humanidade que nasce do contato direto com os casos da vida. Eu o digo por experiência própria. Pertenço a uma ordem religiosa que até há alguns decênios se levantava de noite para recitar o ofício divino das "Matinas", durante mais ou menos uma hora. Depois do Concílio, houve a grande mudança na vida religiosa, em parte positiva e em parte menos positiva. Pareceu que o ritmo da vida moderna, o estudo para os jovens e o ministério apostólico para os mais idosos, já não permitisse aquela interrupção do sono no meio da noite, e por isso o costume foi abandonado quase em toda a parte. Mas, com o passar dos anos, o Senhor fez-me conhecer em meu ministério muitas famílias. De modo particular um grupo de famílias jovens, onde havia sempre a chegada de alguma criança. Descobri, então, uma coisa que me deu uma sacudida salutar: aqueles jovens pais e mães tinham de levantar-se não uma, mas cinco, seis ou mais vezes cada noite, para alimentar, dar um remédio, embalar a criança que chorava, ficar vigiando se tinha febre. E de manhã um deles, ou ambos, tinham de sair correndo para o trabalho, depois de deixar a criança numa creche ou com os avós, porque era preciso bater o ponto, fosse com o tempo que fosse, passando bem ou não. Disse-me: se não procurarmos remediar logo a situação, estamos perdidos! Nosso gênero de vida, se não se apoia numa autêntica observância regular e em certo rigor de horário e de costumes, corre o risco de se tornar uma vida água-com-açúcar e de nos endurecer o coração. Temos o direito de nos sentir ofendidos quando alguém nos acusa de "parasitas"? É claro que temos esse direito, mas só se nos gastamos sem reservas pelo Reino, se de fato estamos "unidos ao Senhor sem distrações". Senão, não.

O que os pais não são capazes de fazer por seus filhos carnais, o quanto são capazes de se esquecer de si mesmos para cuidar da saúde deles, dos seus estudos e da sua felicidade, essa deveria ser a medida para o que devemos nós fazer por nossos filhos ou irmãos espirituais. Temos o exemplo do próprio apóstolo Paulo que dizia querer "dedicar-se e gastar-se todo inteiro" pelos seus filhos de Corinto (cf. 2Cor 12,15).

Isso mostra como é útil que na comunidade cristã haja uma sadia integração dos carismas, de modo que os casados e os celibatários não vivam rigidamente separados entre si, mas de modo que se possam ajudar, exortando-se mutuamente ao crescimento. Não é verdade que para o celibatário sempre e necessariamente haja um perigo e uma obscura ameaça na proximidade do outro sexo e das famílias. Pode haver se ainda não houve uma aceitação livre, alegre e definitiva da própria vocação; isso, porém, vale também para os casados. Hoje temos de agir pastoralmente numa sociedade que já não está baseada na separação dos sexos, mas sim na sua contínua interação e mútua presença em todos os setores da vida e do trabalho. A essa nova situação devemos adaptar o modo de viver nosso carisma.

Isso não significa de modo algum que seja preciso renunciar ao seu estilo e ambiente de vida. Mediante Paulo, Tertuliano, Cipriano e outros podemos saber que nos primórdios da Igreja virgens e celibatários viviam inseridos nas famílias cristãs, no meio da comunidade. Bem depressa, porém, com toda a certeza a partir do século quarto, sentiram a necessidade de ter um lugar à parte, de modo que pudessem organizar o ritmo do tempo, o silêncio e sua atividade de acordo com sua vocação especial. Nasceram assim os mosteiros, como os fundados por Sto. Ambrósio em Milão e arredores.

Hoje estão nascendo novos tipos de comunidades, onde famílias e consagrados vivem juntos, no mesmo ambiente, partilhando uma mesma regra de vida. Todos professam obediência e pobreza. Só uma coisa os distingue: o serem casados ou o serem virgens e celibatários. Isso mostra claramente um aspecto importante da Igreja: o de ser um corpo que tem "muitos membros", um diferente do outro, sendo porém movido pelo mesmo Espírito (cf. 1Cor 12,12-27). Creio, no entanto, que mesmo nessa forma especial de vida seja necessário um espaço recíproco de liberdade: os casados, para que possam cuidar das crianças, participar de seus brinquedos, resolver as inevitáveis tensões familiares, cultivar o amor mútuo; os virgens, para cultivar o silêncio, o estudo, o estar "unidos ao Senhor sem distrações".

Mesmo respeitando, porém, o estilo de vida próprio de cada um, há muitos modos de os casados e celibatários poderem estar espiritualmente unidos em uma comunidade. Participei uma vez de uma reunião do clero e dos conselhos pastorais de uma Igreja local; lembro muito bem a carga espiritual, a alegria e a unidade despertada pela leitura da carta de umas irmãs enclausuradas da diocese, fazendo-se presentes ao encontro com a colaboração de sua prece.

2. Os meios para cultivar o carisma do celibato e da virgindade

Falei acima da liberdade com que se deve viver o carisma da virgindade. É preciso, porém, dizer como se chega a essa liberdade e qual o preço a ser pago. Um dos maiores perigos que se deve fugir neste campo é exatamente a ilusão. A sexualidade, depois do pecado, já não é uma realidade neutra, que possamos facilmente dominar. Tornou-se ambígua. A Bíblia conhece muito bem esse caráter ambivalente e dramático da sexualidade; sabe com que força a paixão pode arrastar à ruína: é forte o amor como a morte, e a paixão é violenta como o inferno (Ct 8,6). O Antigo Testamento está repleto de sombrias histórias de pessoas, ou de inteiras cidades, vítimas do poder devastador da desordem sexual.

É verdade que Jesus veio remir o homem, e portanto também a sexualidade humana; é verdade que "já não há condenação para os que estão em Cristo Jesus" (cf. Rm 8,1). Mas a redenção não tirou do homem a concupiscência nem a necessidade de lutar. É verdade que Jesus redime e salva a sexualidade humana, mas a redime e salva, como tudo o mais, com a cruz, isto é, chamando-nos a partilhar de sua luta, para participar também de sua vitória. Quando Israel tomou posse da Terra Prometida, diz a Bíblia que "o Senhor deixou ficar aquelas nações, sem as expulsar logo, e não as entregou a Josué" (Jz 2,23). O Senhor submeteu a Israel as nações que ocupavam a terra de Canaã, mas não todas nem imediatamente. Poupou algumas "para com elas provar Israel... e para que aprendessem a guerra" (cf. Jz 3,1s). O mesmo fez conosco no batismo: não nos tirou todos os inimigos nem todas as tentações; deixou alguns, as nossas concupiscências, para que aprendêssemos a lutar e a esperar nele, comprovando nossa fragilidade.

Mortificação

Cristo, pois, não eliminou a concupiscência da nossa carne, deu-nos porém os meios para a ela não sucumbirmos. O primeiro meio, e o mais comum, à nossa disposição para conservar e aumentar a virgindade do coração é a mortificação. São Paulo garante-nos: *Se vocês, pelo Espírito, fizerem morrer as obras da carne, vocês viverão* (Rm 8,13). Essa é a mortificação espiritual, sendo que "espiritual" não significa mortificação interior, oposta à exterior, à do corpo, mas sim mortificação ao mesmo tempo interna e externa, feita com a ajuda do Espírito Santo. Uma mortificação, afinal, que não seja também obra da "carne", mas da fé.

Para uma alma que quer ser esposa de Cristo, a mortificação é necessária como é preciso, no caso do amor humano, aprender a língua de quem se ama. "Imagina – diz aquele filósofo que já mencionamos e que escolheu o celibato por amor da majestade divina – uma situação puramente humana. Se quem ama não pode falar a língua da pessoa amada, então deve aprender a língua dessa pessoa por mais difícil que seja. Caso contrário seu relacionamento não poderá ser feliz, e jamais poderão conversar entre si. O mesmo se dá com o mortificar-se para poder amar a Deus. Deus é espírito: só quem é mortificado pode, de algum modo, falar sua língua. Se não te queres mortificar, então não poderás amar a Deus, pois falas de coisas muito diferentes dele" (S. Kierkegaard, *Diario*, X[4] a 624).

Falando de mortificação, acho que precisamos hoje insistir particularmente na mortificação dos olhos. Diz Jesus: É o olho que ilumina o corpo. Se o olho for perfeito, todo o seu corpo fica iluminado. Mas se o olho estiver doente, todo o seu corpo ficará nas trevas (Mt 6,22s). Em uma civilização da imagem, como a de hoje, a imagem tornou-se o veículo privilegiado da ideologia do mundo saturada de sensualidade, que fez da sexualidade humana seu cavalo de batalha, separando-a completamente do significado original que lhe foi dado por Deus. Um sadio jejum de imagens tornou-se hoje mais importante que o jejum de alimentos. Por si, alimentos e bebidas jamais são impuros. Mas certas imagens são impuras. São João, entre as três concupiscências fundamentais, coloca a "concupiscência dos olhos" (1Jo 2,16) e São Paulo exorta-nos dizendo: *Não olhamos para as coisas visíveis, mas para as invisíveis; com efeito, as coisas visíveis duram pouco, e as invisíveis são eternas* (2Cor 4,18).

As coisas visíveis exercem sobre nós seu formidável poder de sedução exatamente fazendo-nos esquecer que "duram pouco". Sua beleza faz que pareçam eternas aos olhos de quem ainda é escravo da matéria, apesar de estarmos vendo com nossos olhos como fenecem e corrompem-se de um dia para outro. Santo Agostinho, que conheceu muito bem essa luta contra a sedução da matéria e da falsa beleza, pode ajudar-nos com seu testemunho: "Eis que estavas dentro de mim, e eu estava fora, procurando-te aqui, estulto atirando-me sobre essas formas de belezas que são criaturas tuas. Estavas comigo, e eu não estava contigo. Longe de ti mantinham-me essas criaturas que, se em ti não tivessem sua existência, nem mesmo existiriam... Resisto às seduções dos olhos, para que meus pés não tropecem... Oh, os inumeráveis enganos que, para atrair os olhares, com suas artes várias e o trabalho de suas mãos os homens acrescentaram às roupas, aos calçados, aos vasos e aos objetos de todo o gênero, às pinturas e esculturas, muito além do exigido pela moderação e do que seria conveniente à piedade... No entanto, mesmo eu que assim falo e tão claramente o percebo, mesmo eu tropeço nessas belas coisas. Miseravelmente me deixo agarrar, e tu misericordiosamente me libertas" (Santo Agostinho, *Confissões*, X, 27 e 34).

O melhor caminho para vencer esse poder de sedução das imagens é "não fixar o olhar" sobre elas, "não se encantar" diante das vaidades. Se você fica olhando, elas já conquistaram uma vitória; queriam exatamente isso: que você as olhasse. *Desvia meu olhar para eu não ver vaidades*, ensina-nos a orar um dos salmos (Sl 119,37). Que fruto maravilhoso se consegue com essa mortificação dos olhos! Com ela podemos realizar um pouco o ideal, caro aos Santos Padres, da "volta ao paraíso", quando tudo era puro, como numa fresca e límpida manhã de verão, "e o jovem corpo era tão casto que o olhar do homem era como um lago profundo" (Ch. Péguy, *Eva*).

É justamente a motivação "pelo Reino dos céus" que exige de nós, especialmente dos sacerdotes, esse empenho para manter nossos olhos e todo o nosso corpo "na luz", como diz o Cristo. Quando os irmãos que lutam, débeis e tentados pela carne, nos procuram, esperam encontrar uma mão segura que os ajude a livrar-se das areias movediças da sensualidade. É preciso, porém, termos os pés em terra firme para poder ajudar, caso contrário nós é que seremos arrastados com eles. Atualmente vemos difundir-se uma impureza repugnante que ameaça as próprias fontes da vida humana. Precisa que haja na Igreja pessoas austeras consigo mesmas, humildes, mas com a segurança da força íntima da graça, que também hoje se oponham a essa "torrente de perdição" (cf. 1Pd 4,4). Esse é hoje um dos serviços mais urgentes a prestar não apenas ao Reino dos céus, mas à própria sociedade. Na verdade, está em jogo a "qualidade da vida"!

Mas, que ajuda poderemos dar se nós mesmos estivermos atolados, ou pior ainda, afundados nessas areias movediças? Penso que motivos de prudência ou de solidariedade de classe não nos devem fazer calar o grito que se ergue do seio da santa mãe Igreja. Se denunciamos sem complacência os pecados dos outros e da sociedade, também não devemos deixar de denunciar os nossos. Há demasiadas vidas sacerdotais comprometidas, estragos demais, hemorragias na Igreja por causa das fraquezas dos sacerdotes nesta matéria! Irmãos sacerdotes, tremamos e corramos às muralhas, se necessário, porque é grande o sofrimento e a cólera de Deus. Está escrito que o nosso Deus é "um Deus ciumento" (cf. Êx 20,5), e quem somos nós para desafiar o ciúme de Deus? Somos os "amigos do esposo"; isso deve encher-nos de alegria, mas também de santo temor e também de infinito respeito pelas almas. Doce e bendita mortificação da carne que, com a ajuda de Deus, nos obtém a graça de sermos verdadeiramente "pais", de coração livre, para amar a todos sem querer possuir ninguém.

Conhecer e aceitar sadiamente a sexualidade

Para vivermos serenamente nosso carisma ajuda muito um sadio *conhecimento* e uma sadia *aceitação* da componente sexual de nossa existência. A sexualidade humana, como hoje o sabemos, não se limita à função procriativa, mas tem uma vastíssima gama de potencialidades e de ressonâncias na pessoa, algumas plenamente válidas também para celibatários e virgens. O celibatário e a virgem renunciaram ao exercício da sexualidade, não à sexualidade. Não a arrancaram de si mesmos; ela continua existindo e "informando" muitas expressões da personalidade. O virgem não deixa de ser homem, nem a virgem deixa de ser mulher.

Esse fato é reconhecido também pela psicologia, que admite a possibilidade de "sublimação" do instinto sexual, espiritualizando-o sem destruí-lo, colocando-o a serviço de objetivos igualmente dignos da pessoa humana. O processo de sublimação pode ser ambíguo se for inconsciente e voltado para a criação de compensações; mas também pode ser positivo e demonstrar maturidade, se tiver o apoio de motivos ideais e for vivido livremente. Nesse sentido podemos dizer que há uma dimensão da sexualidade que é vivida também pelo celibatário, e uma dimensão do celibato que é muitas vezes vivida também pelos casados e casadas.

Um sadio conhecimento da sexualidade ajuda a termos uma ideia serena e livre – enquanto isso ainda é possível na atual situação comprometida pelo pecado – de toda a realidade criada, inclusive da realidade da transmissão da vida. Precisa saber olhar com olhos límpidos o outro sexo, a procriação, as crianças. Precisa, afinal, ter olhos como os de Jesus que, como se vê nos Evangelhos, podia com toda a liberdade falar dessas coisas e até mesmo transformá-las em parábolas de realidades espirituais. Um adequado conhecimento da vida dos casados ajuda a evitar ideias falsas e infantis sobre o matrimônio; leva a um sadio realismo tão necessário para quem deve anunciar a palavra de Deus; ajuda-nos a descobrir como em muitas coisas levamos vantagem sobre eles e, ao mesmo tempo, torna-nos atentos e cheios de compreensão diante de seus problemas.

Certa lucidez nesse campo é muito útil para – em nós mesmos ou nas pessoas que devemos orientar – não confundirmos a carne pelo espírito, nem o espírito pela carne. Em outras palavras, é útil para o nosso discernimento espiritual. Confundimos a carne com o espírito se tomamos por amor sobrenatural e divino, por amizade espiritual, o que, pelo contrário, é apenas um início de amor humano. Um amor humano e "carnal" em seus inícios produz efeitos que facilmente podem ser tomados por efeitos da graça e conversão do coração. Ilumina o rosto, torna a pessoa doce e tratável, cheia de generosidade e disponibilidade, de novo idealismo e fervor. É fácil pensar que estamos diante de uma conversão do coração, mas de fato se trata apenas do início de um enamoramento humano que, se não for logo reconhecido como tal, poderá levar a desagradáveis consequências. Um religiosa ou um religioso pensa que uma pessoa saiu transformada de um encontro que tiveram; alegra-se com isso e a todo custo quer voltar a falar com essa pessoa, escrever-lhe ou telefonar; quem sabe até agradece por ter servido de instrumento para Deus. De fato Deus está agindo, mas num sentido bem diferente: permite tudo isso para sairmos da ilusão e da presunção, para que sejamos mais humildes e pela experiência nos tornemos mais sábios.

E pelo contrário, toma-se o espírito por carne, isto é, o bem pelo mal, quando não se sabe distinguir entre tentação e pecado. A opção pela virgindade não poupa das tentações mas, como vemos na vida dos santos, muitas vezes as torna maiores. Como diziam os Padres do deserto, ninguém deve achar que tem uma virtude enquanto essa virtude não for posta à prova do fogo das tentações. Por si, porém, a tentação não é um mal; serve para o bem, uma vez que "com a tentação Deus nos dará sempre o meio de sair dela e a força para a superar" (cf. 1Cor 10,13). "É mais útil não estar totalmente livre de tentações, devendo muitas vezes enfrentar batalhas, para que não nos tornemos muito seguros de nós mesmos, com o risco de cair na soberba ou de nos abandonar às consolações exteriores" (*Imitação de Cristo*, I,20). A tentação é o cadinho onde se purifica a castidade, é como a água fria em que ganha têmpera como o aço.

Se o inimigo continua a mover-lhe guerra, isso poderia significar que ele ainda não conseguiu o resultado que procura. Se você experimenta em sua carne a luta, isso significa que ainda não se rendeu, caso contrário já estaria em paz, ainda que falsa. Preocupe-se antes e examine-se caso não enfrente nenhuma luta: ou isso vem de um dom especial do Senhor – e então você deverá simplesmente agradecer-lhe, reconhecendo-se não merecedor – ou significa que você já está acostumado com o mal e com o compromisso, e nesse caso está na hora de acordar.

Num período em que se via afligida por uma avalanche de tentações da carne, Santa Catarina de Sena recebeu a visita de seu celeste Esposo. "Meu Senhor – gritou – onde estavam enquanto meu coração era atribulado por tantas tentações?". Respondeu-lhe Jesus: "Estava em seu coração". E ela retrucou: "Não quero negar tua veracidade, Senhor, nem quero faltar com o respeito que é devido à tua majestade. Mas, como posso acreditar que habitavas em meu coração quando estava cheio de imundos e horrorosos pensamentos?". "Esses pensamentos e essas tentações causavam-lhe alegria, ou dor? Prazer ou desprazer?". "Uma grande dor e um grande desprazer". "E quem fazia você sentir desprazer, senão eu, que estava oculto no centro do seu coração?" (B. Raimundo de Cápua, *Vida de Santa Catarina*, XI, 110).

O que dissemos das tentações vale, de outro modo, também da simples "atração" do outro sexo. Não devemos ficar espantados ou angustiados demais se, em certos momentos, experimentamos a forte atração e o fascínio do outro sexo. Isso ainda não é o mal; é apenas natureza. Prende-se ao fato de, no início, "Deus os ter criado homem e mulher". Não nos devemos esconder atrás de um falso angelismo ou procurar defesa numa linguagem grosseira, para ostentar uma falsa liberdade diante do outro sexo. Nem adianta demonizar o outro sexo, especialmente a mulher; ou zombar da beleza simplesmente porque é "visível" e "passageira", porque sabemos que, mesmo quando abusada, ela vem do Criador. No passado, como em tantos outros campos, também estas coisas eram sempre consideradas do ponto de vista do homem, do macho. Por isso mesmo não é de estranhar se a ambiguidade do sexo, da qual já falamos, acabou transformando-se em ambiguidade da mulher e em misoginia. Nem mesmo a Bíblia, enquanto reflexo de uma cultura, ficou totalmente isenta dessa falha (cf. Eclo 25,19s: "Toda a maldade é pequena diante da maldade da mulher... Não te deixes seduzir pela beleza da mulher... Foi pela mulher que o pecado começou, e é por causa dela que todos morreremos..."). Desse modo é identificado com a mulher tudo quanto há de turvo e de fatal na sexualidade. Assim, de companheira e "ajuda", torna-se a mulher o remorso do homem, uma ameaça sombria e uma cilada. Mas isso vem do pecado, não de Deus.

Melhor é fazer dessa "atração" e desse fascínio do outro sexo a parte melhor de nosso "sacrifício vivo". Dizer a nós mesmos: "Bem, é exatamente isso que escolhi oferecer pelo Reino e pelo Senhor!". E se em certos momentos, principalmente na juventude, a atração transforma-se em tentação, é preciso lançar-se corajosamente na luta, com o nome de Jesus no coração e nos lábios, como bravos soldados que partem para o ataque gritando o nome de seu comandante.

Gostaria, neste contexto, de acenar também ao problema delicado da virgindade física, ou exterior, e da virgindade espiritual ou interior. A Igreja sempre honrou a virgindade também em seu sinal físico e corporal, chamando-a de "santa virgindade" (*sancta virginitas*). É claro que não é a virgindade em si mesma que é "santa", uma vez que é possível manter a integridade e a virgindade por muitos motivos que nada têm a ver com a santidade. O que permite falar de santidade neste caso é a intenção ou o objetivo que leva a guardar a virgindade.

Talvez às vezes se errou valorizando demasiadamente o aspecto físico, de integridade, no homem ou na mulher. Como eu lembrava no início, certa cultura atual, como reação chegou ao excesso oposto, negando-lhe qualquer valor, chegando até a ridicularizá-la.

Que podemos dizer tendo em vista a palavra de Deus? Disse-nos São Paulo que "a mulher que não é casada e a virgem cuidam das coisas do Senhor, *querem ser santas de corpo e de espírito*" (1Cor 7,34). Ser virgem apenas "no corpo" é pouca coisa, ou até mesmo nada. Ser virgem "no espírito" é uma bela coisa; mas ser virgem "no corpo e no espírito" é coisa belíssima. Neste caso encontram-se e integram-se significante e significado, como acontece com a natureza e a graça. A essas pessoas o Apocalipse reserva o privilégio de "acompanhar o Cordeiro por onde for" (cf. Ap 14,4), fazendo delas o símbolo das almas absolutamente fiéis, que não se comprometeram com a idolatria.

Devemos pois encorajar as almas consagradas que, sem mérito seu, é claro, mas por dom de Deus, conservaram-se ilibadas e podem oferecer ao Senhor um dom integral. Há nisso, de fato, um matiz todo especial e único de glória de Deus pois – como diz nosso amigo poeta – "jamais se poderá dizer que uma coisa recuperada, defendida palmo a palmo, retomada e alcançada seja o mesmo que alguma coisa que jamais foi perdida. Jamais se poderá dizer que um papel branqueado seja o mesmo que um papel branco; que um tecido branqueado seja o mesmo que um tecido branco. E que uma alma branqueada seja o mesmo que uma alma branca" (Ch. Péguy, *O mistério dos Santos Inocentes*).

Não se trata de um tabu, como pensa o incréu, nem mesmo de um simples privilégio ou de uma honra, isto é, de alguma coisa da qual uma pessoa se possa orgulhar. Pelo contrário, se é livremente aceito, trata-se de um sacrifício delicado e profundo, de um sacrifício que lembra aquele sacrifício primordial que Deus pediu às suas criaturas, a renúncia a conhecer pessoalmente e por experiência "o bem e o mal". Pois uma coisa é renunciar ao uso da sexualidade e ao prazer da carne depois de os ter experimentado, e outra coisa, muito mais exigente, é renunciar a experimentá-los; admitir que haja uma experiência fundamental para os outros homens e as outras mulheres que você, por amor do Senhor, livremente renuncie a conhecer. Só Deus conhece o perfume desse sacrifício que atinge não somente o coração e o corpo, mas o próprio ser da criatura.

Dito isso, porém, precisa dizer também que a virgindade mais importante é a espiritual e que essa, mais que um dom recebido e que se deve guardar, é algo que se pode conquistar dia a dia. Deus, com sua graça, transformou pecadoras em esposas suas mais amantes e mais amadas. Quem, portanto, por qualquer motivo perdeu a integridade física e a inocência batismal, não deve passar toda a sua vida de consagração perenemente voltado para o passado, a fazer as contas minuciosas de todos os estragos e erros cometidos. Com isso apenas se piora a situação, como a mulher que caminha com uma lata de água na cabeça: quanto mais está tensa e preocupada, mais facilmente derrubará a lata.

Pelo contrário, é preciso esforço para crescer na virgindade interior, expulsando do coração desejos e afetos inúteis, para que a pureza de coração possa devolver à alma uma nova virgindade. Em certo sentido ninguém nasce virgem: torna-se virgem. Isso não significa que se possa aceitar qualquer situação, esperando melhorá-la. Pelo contrário. Se alguém ainda não conseguiu eliminar de sua vida hábitos gravemente contrários à castidade, nem atingiu certo equilíbrio e autodomínio na esfera da sexualidade, continua sendo prudente aconselhar a essa pessoa que não se empenhe definitivamente com o celibato ou a virgindade.

Exatamente porque a virgindade essencial é a do coração, por isso mesmo o caminho da virgindade está de certo modo aberto para todos, também para quem é ou foi casado. Se há alguns que "não se casam pelo Reino dos céus", há outros que pelo mesmo motivo – isto é, "pelo Reino dos céus" – não se casam novamente, mesmo podendo. Na Igreja há um tipo de viuvez, dedicada à família e às boas obras, que sempre foi muito honrada e colocada logo depois da virgindade.

Quanto a isso, quero acenar ainda a outra situação humana: a de pessoas que, sem escolha sua e até com muito sofrimento, por motivos os mais diversos, não se puderam casar. Gostaria de dizer-lhes: Jesus diz que há eunucos de nascença ou porque assim os fizeram os homens, e outros que o são por causa do Reino dos céus. Aparentemente essas pessoas parecem pertencer à primeira categoria. Diante de Deus, porém, ninguém é irremediavelmente escravo das circunstâncias. Em outras palavras, é possível passar da primeira para a segunda categoria: da categoria dos que não se casaram por maldade dos homens, ou pelas circunstâncias da vida, para a categoria dos que não se casaram "pelo Reino dos céus". Basta que aceitem essa situação como permitida por Deus, e que se reconciliem com a vida, usando essa sua liberdade maior para se dedicar à oração e à causa do Evangelho. Assim poderão também ter parte naquele "cêntuplo" que Cristo promete a quem deixa tudo por ele. O maior no Reino dos céus não é quem pertence ao "estado mais perfeito", mas quem ama e sofre mais. Esses podem passar à frente de muitos, aparentemente mais realizados na vida.

Comunidade

Um último meio que ajuda a viver a virgindade pelo Reino é a comunidade. O homem e a mulher são "seres em relação". Como hoje se diz, o relacionar-se com os outros é constitutivo da pessoa, como na Trindade são as "relações" (do Pai e do Filho, do Espírito Santo com o Pai e o Filho etc.) que constituem as três "pessoas" divinas. Ninguém pode viver nem desenvolver-se harmoniosamente sem verdadeiras e profundas relações interpessoais. O nosso "cêntuplo" nesta vida muitas vezes consiste exatamente na comunidade que, quando sadia e autêntica, permite ter (e ser) pais, mães, irmãos, irmãs e filhos.

Também as amizades com pessoas do outro sexo – que se podem facilmente tornar perigosas, se cultivadas de forma exclusiva e quase às ocultas – são um grande dom quando compartilhadas, de algum modo, com a comunidade.

De uns tempos para cá nasceram na Igreja novas formas de celibato e de virgindade consagrada que se chamam "Institutos Seculares". Seus membros vivem cada qual em sua própria casa e no seu próprio ambiente. Contudo, a partilha da mesma espiritualidade, a observância da mesma regra, os fortes laços (também humanos) que os unem, a convivência de dias ou semanas durante o ano, tudo isso pode ser para eles o equivalente da comunidade.

A dúvida surge quando pensamos nos sacerdotes diocesanos e nos párocos que vivem totalmente sozinhos. Esse tipo de situação adapta-se à vida de celibato? Penso que precisa enfrentar esse problema com coragem. Exatamente o exemplo atual dos Institutos Seculares mostra que é possível ter um tipo de comunidade e de comunhão, mesmo sem vida em comum nem morar sob o mesmo teto. A comunidade natural para o sacerdote diocesano é o "presbitério", onde deverá encontrar alimento, apoio e, quando necessário, uma palavra de animação. Quando aparece na história, ao lado dos bispos e dos diáconos, o "presbitério" é uma comunidade de presbíteros reunidos em torno do bispo; comunidade que o mártir Santo Inácio compara com o grupo dos apóstolos reunidos em torno de Jesus (cf. *Carta aos Magnésios*, 6,1).

Sempre que se pensou em reforma do clero, percebeu-se a necessidade de enfrentar esse problema, criando formas de vida em comum para o clero, algumas das quais continuam vivas e ativas até os dias atuais. Um presbitério que se conhece, que cultiva os vínculos de fraternidade estabelecidos nos anos passados no seminário, que se reencontra com o bispo no retiro mensal e nos exercícios espirituais anuais, que permuta informações e experiências (e hoje isso é tão fácil) já é uma forma de comunidade e deve ser fomentada a todo o custo.

3. A Virgem Maria

A *palavra* de Jesus sobre o celibato pelo Reino é precedida pelo *fato*, como geralmente acontece no Evangelho. E o fato é ele mesmo, Jesus, que não só se conservou virgem, mas que também nasceu de uma mãe virgem. Depois de Jesus, que os Santos Padres (cf. São Metódio de Olimpo, *Simpósio* I,4; PG 18,44 C) chamam de *Archipàrthenos* ("Arce-virgem"), temos Maria que a Igreja chama de *Aeipàrthenos* ("Sempre-virgem").

O anjo do Senhor foi mandado por Deus a uma virgem (Lc 1,26). Podem discutir à vontade; essa palavra está ali, na Bíblia, plantada como uma rocha. Os exegetas fazem notar que, neste ponto, o relato de Lucas depende da profecia de Isaías (7,14): *Eis, a virgem conceberá e dará à luz um filho.* Isso é verdade, mas não muda nada; pelo contrário, até aumenta o alcance do relato evangélico, mostrando-nos sua longa preparação profética e seu enraizamento na história da salvação. A apresentação literária do fato depende de Isaías, e o relato depende do acontecido. Não é o fato que depende do relato. De fato, se o relato não remontasse a um fato novo, realmente acontecido, por que o evangelista e a comunidade cristã iriam pensar bem nessa profecia que (pelo menos no texto grego da Septuaginta) traz a ideia de virgindade, tão afastada da mentalidade hebraica do tempo? Por que não tomar como modelo, por exemplo, o nascimento de Isaac, bem mais aceito e biblicamente convincente, ou o de Moisés, ou de qualquer outra grande personagem do Antigo Testamento? A resposta é: para marcar a diferença e a superioridade de Cristo sobre qualquer outro homem antes dele. Isso, porém, podemos dizer nós, *a posteriori*, como o diziam os Santos Padres a partir do século II, quando para os cristãos já era pacífica a superioridade da virgindade. Mas não o podia dizer ainda a comunidade onde nasceu esse relato. Ela ainda não tinha elementos para antepor ao casamento a virgindade, principalmente a feminina. Supor que já nessa fase inicial da fé cristã havia o conhecimento e a influência dos mitos pagãos do nascimento miraculoso dos deuses, isso seria totalmente artificial e sem fundamento.

O mais importante que devemos notar não é, pois, que o relato evangélico depende da profecia de Isaías, mas sim que o relato e a profecia dependem ambos de um acontecimento que Deus primeiro anunciou e depois realizou na plenitude dos tempos. Jamais entendi esses estudiosos da Bíblia que reconhecem o valor profético do Antigo Testamento, como anúncio e preparação do Novo, mas depois não querem reconhecer como profético um texto concreto, nem mesmo este texto de Isaías que o próprio Evangelho relaciona explicitamente com o nascimento de Cristo de Maria virgem (cf. Mt 1,23).

No alvorecer dos novos tempos Maria encarna, com sua virgindade, a nova forma de vida, que se tornou possível exatamente pela vinda do Reino. Poderíamos ver um significado simbólico no encontro entre Maria e Isabel na visitação. Isabel, que representa a economia do Antigo Testamento (cf. Mt 11,13: "A lei e os profetas até João..."), é casada; Maria, que representa a nova economia, é virgem.

Em Maria mostra-se, em todo o seu esplendor, a motivação bíblica da virgindade expressa pelas palavras "pelo Reino dos céus" e "pelo Senhor". Ela foi escolhida; o Reino tomou conta dela; foi "exigida" e deixou-se exigir (Jeremias diria: deixou-se "seduzir"). São Paulo é o homem "posto à parte" ou "separado para o Evangelho" (Rm 1,1); Maria é a mulher posta à parte e separada para o autor do Evangelho. Acho que a ideia de um "voto" de virgindade feito por Maria, além de pouco fundamentada biblicamente, iria diminuir em vez de exaltar a virgindade de Nossa Senhora, atribuindo-a mais a uma iniciativa pessoal da criatura do que à soberana e gratuita iniciativa de Deus, fazendo-a assim mais uma obra da ascese que da graça. Maria não "encontrou graça diante de Deus" pelo fato de ser virgem, mas é virgem porque encontrou graça diante de Deus e foi escolhida para que, por meio dela, o Reino pudesse ter seu início incontaminado sobre a terra. É verdade que Maria correspondeu perfeitamente, com absoluta fé, ao chamado para a virgindade; sem discutir, alegremente aceitou todas as consequências dessa opção dizendo: "Eis-me aqui", tornando-se assim modelo para a imensa fileira de rapazes e moças que, ao longo dos séculos, iriam receber o dom do mesmo chamamento para serem "virgens e mães", "virgens e pais".

Depois do título de "Theotókos" (Mãe de Deus), o título de "Sempre Virgem" é o mais frequentemente usado na liturgia latina e ortodoxa. Esta última, no *Akatistos*, seu mais belo hino mariano, não se cansa de invocá-la como modelo e protetora das virgens:

"Ave, de virgens mãe e nutriz.

Ave, que almas levas ao Esposo.

Ave, virgem esposa".

São Gregório Nisseno destaca a afinidade existente entre Maria e cada virgem cristã, afinidade baseada em um relacionamento análogo com Cristo: "O que aconteceu fisicamente em Maria imaculada, quando a plenitude da divindade resplandeceu no Cristo mediante a virgindade, repete-se em cada alma que, seguindo a razão, permanece virgem, ainda que o Senhor já não se faça presente materialmente" (*De virginitate*, 2).

Maria não é apenas o modelo, mas também a "advogada" e defesa dos virgens. Não apenas lhes aponta o caminho da virgindade, mas também os ajuda a percorrê-lo com sua intercessão e contínua proteção. Escreve São Basílio: "Como os corpos límpidos e transparentes tornam-se brilhantes e refletores quando tocados por um raio de luz, assim as almas pneumatóforas, iluminadas pelo Espírito, tornam-se também totalmente espirituais e refletem a graça sobre os outros" (*De Spiritu Sancto*, IX, 23). Maria é por excelência a alma "pneumatófora", portadora do Espírito, o corpo luminoso que reflete a luz sobre os outros. Isso é tão verdade que o próprio Lutero teve de escrever sobre ela: "Nenhuma imagem de mulher infunde no homem pensamentos tão puros como esta virgem" (*Sermão sobre o Evangelho de Natal*, de 1522).

Maria realmente é uma criatura única, a "bendita entre as mulheres". Todas as outras mulheres na Igreja ou são virgens fisicamente e mães espiritualmente, ou mães fisicamente e virgens espiritualmente. Ela somente é, ao mesmo tempo, física e espiritualmente, "virgem e mãe". Deus não podia escolher uma linguagem mais eloquente do que essa para honrar ao mesmo tempo o matrimônio e a virgindade, fazendo que ambos fossem aceitos como obra sua. Esses dois carismas provenientes "do mesmo Espírito", antes de na Igreja dividir-se entre duas categorias de pessoas, estiveram unidos em Maria, célula primeira e figura de toda a Igreja. Assim, nenhum estado na Igreja fica sem a glória de ter seu princípio e seu modelo em Maria; nenhum estado pode vangloriar-se de imitar totalmente Maria, sozinho, sem precisar do outro. "A todas as criaturas – diz o poeta que já conhecemos – falta alguma coisa. Às que são carnais falta precisamente o serem puras. Às que são puras falta precisamente o serem carnais (em vez de 'puras' e 'carnais' leia-se 'virgens' e 'mães', e tudo ficará claro). A ela, porém, nada falta. Porque, sendo carnal, é pura. Mas, sendo pura, é também carnal. E é assim que ela não é apenas uma mulher entre todas as mulheres. É uma criatura única entre todas as criaturas. Literalmente é a primeira depois de Deus" (*O pórtico do mistério da segunda virtude*).

Falei acima dos meios para cultivar o carisma do celibato e da virgindade. Uma constante devoção a Maria é certamente um desses meios, um dos mais simples e eficazes.

CONCLUSÃO

Baseamos toda a nossa exposição sobre a virgindade no fato de ela ser antes de mais nada um carisma, um dom recebido de Deus e, portanto, uma vocação. Na missa oferecemos a Deus o pão e o vinho que recebemos "da sua bondade", para que o dom recebido se torne dom oferecido à sua majestade. Do mesmo modo a virgindade: de dom recebido de Deus, deve tornar-se dom oferecido a Deus, sacrifício vivo e imitação da eucaristia do Cristo. "Os Padres – escreve um grande mestre espiritual da antiguidade – não se contentaram de observar os mandamentos, mas também ofereceram dons a Deus. Vejam como: os mandamentos de Cristo foram dados a todos os cristãos e cada cristão tem de guardá-los; poderíamos dizer que são os impostos devidos ao rei. Quem diz: "Não pago os impostos ao rei", poderá acaso escapar ao castigo? Há, porém, no mundo alguns homens grandes e famosos que não só pagam impostos ao rei, mas também lhe oferecem dons e assim se tornam merecedores de grandes honras, grandes dons e grandes dignidades. Assim também os Padres, não só observaram os mandamentos, mas também ofereceram dons a Deus. A virgindade e a pobreza são dons. Pois em nenhum lugar está escrito: 'Não arranje mulher, não faça filhos'" (Doroteu de Gaza, *Ensinamentos*, I, 11-12; SCh 92, p. 164).

Como conclusão de nossa meditação, o melhor que podemos fazer é renovar essa doação. Oferecer novamente a Deus o nosso "Eis-me aqui" pelas mãos de Maria. O que faz a beleza e a preciosidade de um dom é a sua integridade. A coisa dada deve ser "nova", intata. Ninguém pensaria oferecer ao amigo um objeto usado, um fruto já todo mordiscado. Nesse campo precisa ter em mente a delicadeza e não apenas a "substância". Em outras palavras, não podemos tirar de Cristo nada do que lhe demos; não podemos dar guarida – em pensamentos, olhares, ações – a nada que ofenda sua presença ou "contriste" o Espírito.

Geralmente na história de um amor existem dois tempos, duas fases. Há o tempo do começo, quando se mostra o amor fazendo presentes, principalmente fazendo dom de si mesmo; e há o tempo quando já não basta dar presentes à pessoa amada, mas é preciso saber sofrer por ela. Só então se pode ver se é verdadeiro o amor. Também na história de uma vocação à virgindade consagrada há geralmente dois tempos. Há o tempo do começo da chamada quando, impulsionada pela graça e atraída pelo ideal, a pessoa diz "Sim, eis-me aqui", com alegria e entusiasmo. E existe também o tempo da solidão do coração, do cansaço, da crise, quando, para manter aquele "sim" é preciso morrer. Os profetas falam dessa dolorosa experiência no relacionamento com Deus.

Lembro-me de ti, do amor de tua juventude, do carinho do teu noivado, quando me seguias pelo deserto... diz o Senhor, segundo Jeremias (2,2). Também no Apocalipse encontramos o lamento de Deus sobre aqueles que "perderam seu amor de antigamente" (2,4).

Se diminuiu nosso fervor de antigamente, nossa grande esperança está na graça que não nos há de faltar, porque "não se encurtou o braço do Senhor". Como é bom, nesses casos, juntar todas as forças e dizer com o pequeno Samuel uma, duas, três vezes: "Tu me chamaste, aqui estou!" (1Sm 3,1s). Queremos fazê-lo? O caminho mais seguro é "de novo escolher Jesus como Senhor e esposo de nossa alma. Acontece então o mesmo que na vida de um rapaz ou de uma moça que se enamoram seriamente. Enquanto estavam "livres", abertos a diversas possibilidades, qualquer rapaz ou qualquer moça que passava, bastava para chamar sua atenção, "distraindo-os", como os espinhos da cerca-viva dos quais a ovelha não se aproxima sem ali deixar flocos de sua lã... Uma vez, porém, que foram cativados pelo amor verdadeiro por uma pessoa, todas as outras pessoas e todo o mundo como que respeitosamente se afastam e, depois de algum tempo, como que até desaparecem no nada. Seu coração está agora "determinado em uma só direção". Acontece uma espécie de catarse. O novo relacionamento não destrói os outros – colegas, parentes, amigos – mas os coloca cada um em seu lugar. Algo assim, dizia eu, acontece com a alma consagrada no dia que, levada pelo amor incriado que é o Espírito Santo, escolhe Jesus como Senhor e Esposo. Seu coração já não está "livre", já não anda ao léu, facilmente "distraído" para a direita ou a esquerda.

Esta é a verdadeira virgindade pelo Reino. Que Deus nos conceda desejá-la, ainda que de longe, caminhando em sua direção, ainda que com passos de criança.

ÍNDICE

Introdução 05

Primeira Parte
As motivações bíblicas da virgindade e do celibato pelo Reino dos céus 09

1. "Há aqueles que, por causa do Reino dos céus, não se casam" 11
A dimensão profética da virgindade e do celibato 19
A dimensão missionária do celibato e da virgindade 21

2. "Quem não é casado preocupa-se das coisas do Senhor" 29
Um coração indiviso 38

3. Virgindade e mistério pascal 48

Segunda Parte
Como viver a virgindade e o celibato pelo Reino 63

1. Matrimônio e virgindade: dois carismas 65
"Uma manifestação particular do Espírito" 67
"Para a utilidade de todos" 75

2. Os meios para cultivar o carisma do celibato e da virgindade............................ 81
Mortificação 82
Conhecer e aceitar sadiamente a sexualidade 87
Comunidade 97

3. A Virgem Maria.. 100

Conclusão... 107

Este livro foi composto com as famílias tipográficas Times e Franklilin Gothic Medium e impresso em papel Offset 75g/m² pela **Gráfica Santuário.**